W0312891

Que le meilleur perde

eloge de la défaite en politique

DES MÊMES AUTEURS

Les Nouveaux intellectuels (Le Seuil).

Si Mai avait gagné (J.-J. Pauvert).

Classe ouvrière et révolution (Le Seuil).

Les Voraces (avec Bernard Kouchner, Balland).

Qu'elle ose paraître ce qu'elle est (in *Les Présupposés du Socialisme* d'Édouard Bernstein, Le Seuil).

Politiques Follies (en collaboration avec Léon Mercadet, *Actuel*, Éditions hors commerce).

De Frédéric Bon

L'ouvrier français (en collaboration, Armand Colin).

Attitudes et Comportements politiques à Boulogne-Billancourt (en collaboration avec Guy Michelat, Armand Colin).

Les sondages peuvent-ils se tromper ? (Calmann-Lévy).

Les élections en France (Le Seuil).

De Michel-Antoine Burnier

Les Existentialistes et la politique (Idées, Gallimard).

La Chute du Général (J.-C. Lattès).

La France sauvage (en collaboration avec Bernard Kouchner, J.-C. Lattès).

Les Complots de la Liberté (en collaboration avec Patrick Rambaud, Grasset).

1848 (en collaboration avec Patrick Rambaud, Grasset).

Histoire du Socialisme (Jannink).

Le Roland-Barthes sans peine (en collaboration avec Patrick Rambaud, Balland).

La Farce des choses (en collaboration avec Patrick Rambaud, Balland).

Le Testament de Sartre (Orban).

FRÉDÉRIC BON
MICHEL-ANTOINE BURNIER

Que le meilleur perde

éloge de la défaite en politique

BALLAND

© Éditions Balland, 1986.

Sommaire

PRÉAMBULE

Si aujourd'hui, en 1986, de nombreux citoyens ne comprennent plus rien aux jeux électoraux et au comportement des gouvernants, c'est qu'ils sont victimes d'une étrange illusion. Considérant l'agitation qui s'empare de la classe politique à l'approche d'un scrutin, ils en ont trop rapidement conclu que le projet majeur de nos dirigeants était d'accéder au pouvoir, ou de s'y maintenir, et le propos cardinal des différents partis de gagner les élections.

Et pourtant, une observation attentive de la réalité prouve qu'il s'agit exactement de l'inverse.

L'objectif profond des hommes politiques, ce n'est pas de gagner une majorité à la Chambre, de s'imposer au gouvernement, de s'installer à l'Élysée ; l'objectif profond des hommes politiques, ce n'est pas la victoire, c'est la défaite.

Considérez un instant les désagréments formidables que procure le pouvoir. Contraint de mettre vos idées en pratique, vous voici confronté à la résistance des hommes et des choses. Si vous les appliquez, vos théories risquent de démontrer leur inadéquation et leur stupidité ; si vous les abandonnez devant l'épreuve des faits, vous étalez votre inconstance et votre opportunisme. Vous-même, vous vous exposez en permanence à manifester votre incurie : car vous vous êtes forcément vanté de connaissances qui vous échappent, et vous aurez à trancher sur des sujets dont vous ignorez tout. Plus un instant de repos : il vous faut à la fois surveiller la monnaie, commander un contingent au Liban, couler un bateau dans le port d'Auckland, monter une expédition au Tchad, faire bonne figure à M. Reagan, vous brouiller avec Mme Thatcher, aider les chômeurs, financer la Sécurité sociale, résister aux syndicats, différer des augmentations de salaire, affronter M. Chirac à la télévision, séduire un patronat que vous détestez, refuser de l'argent à vos amis de l'Éducation nationale, ou le contraire...

Impossible de traiter les problèmes un par un : une foucade du colonel Khadafi vous dérange en pleine réunion sur la grève des camionneurs, un attentat à Bastia gâche votre week-end avec le roi du Maroc. On vous tient pour responsable de tout : une vieille dame agressée, l'incorrection d'un flic, la surproduction de tomates en Italie, la sécheresse, le gel, la neige vous valent des insultes et de la haine comme si vous aviez vous-même programmé tout cela. Vous devez vous surveiller constamment : plus question de courir le guilledou, la moindre infidélité devient sujet de scandale. Un mal à l'estomac se transforme en secret d'État. Impossible de boursicoter, difficile d'avoir de la famille dans les affaires ou dans le cinéma, interdit désormais de garder pour vous les cadeaux qu'on vous fait.

Regardez M. Giscard d'Estaing. C'était un bien fringant homme lorsqu'il est entré à l'Élysée, il ne faisait certes pas son âge. Comment en est-il sorti ? Il a pris quatorze ans en un septennat, blanchi, creusé, ridé, amer. Qui dira qu'il n'a pas meilleure mine depuis cinq ans ? Et M. Barre, impopulaire à battre des records au gouvernement, aujourd'hui se dandinant en tête de tous les sondages. Et M. Marchais, vous croyez qu'il ne préfère pas encourager les lanceurs de boulons à SKF plutôt que de faire semblant d'accepter un plan de rigueur ? Quant à M. Mitterrand, lui naguère si vif et si disert, le voilà maintenant raide comme un piquet.

Tout cela paraît bien naturel. Prenez la situation de l'opposant : il n'a rien à gérer, rien à faire. S'il veut paresser, voyager, nul ne le dérangera. Une seule obligation : discourir, et cette fois sans se soucier des conséquences, dénoncer à tort et à travers la malfaisance du pouvoir en flattant sa propre vertu.

Comment ignorer que les partis politiques ne

prospèrent que dans l'opposition ? Souvenez-vous du Parti socialiste d'avant 1981 : gonflé de militants, bardé de théories, une réputation ébouriffante, loin devant tous les autres. Voyez ce qu'en ont fait cinq ans de pouvoir : des militants démoralisés, des théories en miettes, un recrutement réduit à presque rien, et l'hostilité de tous. Ne parlons pas de sa dégringolade dans les sondages.

Symétriquement, la droite exsangue de 1981 se porte aujourd'hui à merveille.

Croyez-vous que les hommes politiques jouent si manifestement contre leur propre intérêt et qu'ils cherchent pour de bon à prendre ou à garder le pouvoir ? Ne pensez-vous pas qu'ils font tout pour le perdre, ou pour ne pas le conquérir, que chacun de leurs actes vise à les écarter du gouvernement et qu'ils tendent à l'opposition de toutes les fibres de leur être ?

Mais, direz-vous, si tel est bien le cas, comment ne s'en est-on pas aperçu plus tôt ? Et pourquoi l'ensemble des journalistes, historiens et essayistes prétendent-ils le contraire ? Simple : parce que les hommes politiques cachent avec soin leur goût irrépressible pour la défaite et qu'ils ont abusé jusqu'à présent l'ensemble des observateurs. La seule fuite connue reste cette phrase qui date d'un bon siècle et qui échappa à un républicain aussi naïf qu'imprudent : « Que la République était belle sous l'Empire ! » Par bonheur, il n'y en eut pas d'autre.

Un homme politique qui confesserait en public son aversion pour le pouvoir apparaîtrait si désintéressé que les électeurs le porteraient aussitôt à la tête de l'État.

Et puis l'expérience prouve qu'il est difficile de perdre. M. Giscard d'Estaing, malgré d'éclatantes dispositions, a mis sept ans avant de dégringoler. M. Mitterrand, qui semblait bien parti pour incarner l'opposition jusqu'à sa retraite, s'est retrouvé président de la République en 1981, démentant tous les pronostics raisonnables. On a même vu des hommes aussi préparés à la défaite que MM. Pierre Mendès France et Maurice Couve de Murville se retrouver par surprise chefs du gouvernement. C'est dire qu'il ne suffit pas de tenir des propos lucides et désabusés, et qu'une apparence sinistre — à mille lieues de toute démagogie — ne vous protège pas à coup sûr.

Dans l'opposition, il faut savoir doser l'invraisemblance de ses discours. Si vos propositions contiennent trop de bêtises, personne ne croira que vous soyez vraiment prêt à les appliquer et vous perdrez le bénéfice de votre mauvais programme. C'est ce qui s'est passé avec le *Projet socialiste* de M. Mitterrand : à juste titre, les électeurs n'ont pas cru que le Parti socialiste avait pour principal objectif d'instaurer un socialisme original en France et, sans tenir aucun compte de son *Projet* et de ses *110 propositions,* ils ont voté en majorité pour le candidat de la gauche.

QUE LE MEILLEUR PERDE

L'amour de la défaite, ses éclatants privilèges, l'horreur du pouvoir, tel est le lourd secret du monde politique.

Ce problème s'apparente à celui de la guerre et des revers militaires. Il y a quelques années, un remarquable petit livre de Shimon Tzabar, *Éloge de la défaite* [1], nous a démontré quels avantages les pays vaincus tiraient de leurs désastres, et quelles catastrophes affectaient les pays vainqueurs. L'argument ne souffre aucun doute : l'Allemagne et le Japon, écrasés à la fin de la Seconde Guerre mondiale, connaissent une situation infiniment plus florissante que la Grande-Bretagne et la France, qui figurent pourtant au nombre des pays victorieux. Mille exemples historiques — de Vercingétorix à Napoléon — confirment le bien-fondé de cette thèse.

Il en est de même dans la vie politique, comme nous allons le démontrer dans les pages qui suivent.

1. Publié chez Denoël en 1972, préface de Jean Ferniot, traduit de l'anglais par Olivier Orban.

AVERTISSEMENT

Certains lecteurs jugeront que ce livre fait la part trop belle à la gauche, et révèle par là une fâcheuse tendance partisane. Il faut cependant garder à l'esprit que la gauche a manifesté depuis les débuts de la Ve République un talent digne d'éloge. Elle s'est habilement maintenue dans l'opposition sous le général de Gaulle grâce à l'action persévérante de M. Guy Mollet, qui avait déjà su conduire à sa perte la IVe République tout entière. Elle a trébuché sans hésitation lors de l'élection de M. Pompidou, M. Gaston Defferre parvenant même à réduire les suffrages socialistes à 5,01 %, ce qui constitue un record historique pour notre siècle.

En 1974, M. François Mitterrand est arrivé non sans mal à déjouer les indélicates menées de M. Giscard d'Estaing, à qui il a laissé de justesse une majorité de 350 000 suffrages. Certes, il y a la fausse manœuvre de 1981, l'élection de M. Mitterrand. Mais reconnaissons que depuis, sauf erreur de dernière minute, la gauche socialiste s'est mise en posture de retourner pour longtemps dans l'opposition, où les communistes la précèdent déjà.

On peut aussi remarquer que la gauche compte les hommes politiques les plus doués, ceux qui, malgré une immense popularité, ont évité de se faire porter durablement au pouvoir. M. Mendès France, qui ne gouverna que sept mois et dix-sept jours ; M. Rocard, qui sut fort bien jouer pour s'effacer toujours devant M. Mitterrand et parvint à conserver une figure d'opposant jusque sur les bancs du gouvernement ; beaucoup plus loin de nous, Léon Blum, Édouard Daladier, Édouard Herriot, dont les ministères ne passèrent que rarement l'année ; Jean Jaurès, qui échappa toute sa vie aux palais nationaux ; enfin Léon Gambetta, le grand ancêtre, qui fonda la République sans jamais gouverner, sauf à la fin de sa vie : mauvais pas dont il se tira en provoquant la coalition de tous ses ennemis contre lui.

Malgré cela, on doit avouer que la gauche part avec un lourd handicap : de 1877 à 1958, si l'on compte la gauche républicaine de la fin du XIXe siècle, puis les partis socialiste, radical, communiste, pris ensemble ou séparément, la gauche a passé environ cinquante-cinq ans au pouvoir, contre vingt-cinq pour les conservateurs.

A droite, hors M. Chaban-Delmas, il faut

remonter loin dans le temps pour rencontrer des exemples marquants. Saluons pourtant le comte de Chambord, prétendant au trône de France, qu'une majorité de parlementaires appela à régner en 1873. L'affaire eût été faite si le Prince n'avait inventé *in extremis* de revenir à Paris avec le drapeau blanc fleurdelisé, ce qui était évidemment irrecevable. Mentionnons le général Boulanger, qui s'enfuit en Belgique plutôt que de risquer de l'emporter dans un coup d'État qu'il avait lui-même préparé. Saluons aussi Charles de Gaulle, que l'histoire condamnait au pouvoir à vie et qui — bien qu'il existât une forte majorité gaulliste — conçut de se faire battre lors d'un référendum incompréhensible, audacieusement mal préparé et choquant jusque pour ses propres partisans.

Mais aujourd'hui, en 1986, droite contre gauche, le combat est décisif : que le meilleur perde.

INTRODUCTION

Comment la gauche a été piégée en 1981

Aux immenses difficultés que connaît la gauche depuis cinq ans, on ne peut désigner qu'une cause unique : la tragique maladresse de 1981 qui amena M. Mitterrand à l'Élysée, puis, dans un entraînement alors incontrôlable, une majorité absolue de socialistes à l'Assemblée nationale.

Quels que soient les efforts méritoires engagés depuis pour remonter cette pente, il faut revenir sur l'événement et voir comment la gauche, qui nous avait jusqu'ici habitués à plus de prudence, s'est laissé doubler par M. Giscard d'Estaing.

En apparence, la stratégie politique de 1981 était pourtant habilement montée, et rien ne laissait supposer qu'on en arriverait là.

Vers le milieu de l'année 1980, les sondages donnaient sans problème M. Valéry Giscard d'Estaing gagnant pour l'élection présidentielle de l'année suivante. Quand les simulations l'opposaient à M. Mitterrand, il l'emportait avec un pourcentage qui tournait autour de 55 %. Face à M. Rocard, il s'imposait plus difficilement, 51-49, et une enquête laissa même supposer que les deux hommes pourraient se retrouver à égalité au second tour.

Dans le même temps, M. Mitterrand traînait une image épatante. Pour l'opinion, et pour une partie des socialistes, il apparaissait comme un politicien âgé qui portait la poisse, éternel battu, en 1965, 1974, 1978, et qui le serait une nouvelle fois : bref, un candidat idéal.

Le danger venait donc de M. Rocard, seul capable de l'emporter contre M. Giscard d'Estaing. Pas question qu'il se présentât : M. Rocard en convint, et se retira sans histoire. Voici donc M. Mitterrand une nouvelle fois en piste.

Et c'est là que notre candidat manque d'imagination. Il pense qu'il lui suffira de rejouer en 1981 la stratégie qui lui avait si bien réussi en 1978 :

a/ présenter un programme de « rupture avec le capitalisme », puisqu'il est évident que les Français ne veulent pas changer de société.

b/ prétendre résoudre les problèmes du chômage et de la récession grâce à une « relance par la consommation », notion inventée pour la circonstance et qui ne figure, on s'en doute, dans aucun traité d'analyse économique.

c/ assurer qu'il fera entrer des communistes au

gouvernement, puisque cela effraie une majorité d'électeurs.

d/ se faire attaquer par les mêmes communistes, qui l'ont si bien fait trébucher en 1978 en se dressant contre lui au dernier moment.

Toutes les conditions de l'échec sont donc réunies. Toutes, sauf une : l'habileté de M. Giscard d'Estaing.

Celui-ci a tiré la leçon de ses courtes victoires de 1974 et 1978. Et il riposte.

Il pourrait se contenter de son bilan économique, de la crise qui a multiplié le nombre des chômeurs, de l'impopularité écrasante de M. Barre, des attaques de M. Chirac, d'une incompressible inflation à deux chiffres et de belles promesses non tenues. Mais il n'ignore pas qu'on ne peut s'en remettre à la routine.

Aussi, lorsque *Le Canard enchaîné* l'accuse d'avoir reçu en cadeau des diamants de l'empereur Bokassa, il se garde bien de répondre. Il sait trop qu'il pourrait dégonfler l'affaire en montrant les diamants : de mauvaises pierres qui ne valent pas tripette. Ou prouver qu'il les a remis à la Croix-Rouge en brandissant un reçu. Mais non, il se tait, joue les offusqués, esquive les questions des journalistes, en un mot laisse supposer qu'il a tout à cacher. Diamants, empereur, prébendes, ce sont des mots magiques : l'effet en est ravageur. On soupçonne vite que M. Giscard d'Estaing s'efforce de dissimuler une énorme malversation, quand il ne s'agit que d'un présent sans intérêt comme en reçoivent tous les chefs d'État.

Deuxième ruse : M. Giscard d'Estaing fait courir le bruit qu'il descend de Louis XV. Vrai, faux, cela n'a pas d'importance, M. Mitterrand est bien apparenté — de fort loin cependant — à la reine d'Angleterre. Mais appréciez la qualité du propos : un descendant de Louis XV pourrait tout autant prétendre qu'il descend de saint Louis, d'Henri IV, de Louis XIV. Eh bien pas du tout, saint Louis, la justice sous un chêne, on pourrait le prendre en bonne part ; Henri IV garde une réputation flatteuse ; Louis XIV, ce serait excessif donc peu crédible. Mais Louis XV, bien-aimé au début de son règne et détesté à la fin, méprisant, coupé du peuple, brocardé par Voltaire et les Encyclopédistes, ce côté aristocrate cynique et après moi le déluge, que voulez-vous, ça marche. Et si bien que l'on va vite prétendre que M. Giscard d'Estaing s'est fait peindre en Louis XV dans les salons de l'Élysée, qu'il a établi une étiquette pour mettre sa famille au premier rang et qu'il se fait servir avant les dames dans les repas officiels. Un peuple républicain comme le nôtre ne résiste pas à ce genre d'arguments.

M. Mitterrand, lui, n'avait rien d'autre à nous offrir que son éternelle querelle avec M. Marchais. Cela ne lui aurait servi à rien de citer la reine d'Angleterre. Il n'a même pas eu l'idée de se comparer au Premier consul, dont il a pourtant un mouvement de menton. Il se répétait, face aux arguments si neufs et si inattendus de M. Giscard d'Estaing, il était là depuis toujours, les électeurs ont eu pitié. Et, en votant Mitterrand, ils ont cru sauver la République.

M. Marchais a bien essayé de lui venir en aide, en l'accusant de vouloir tromper les travailleurs et en dénonçant sa duplicité jusqu'au soir du premier tour, puis en se ralliant tapageusement à lui entre les deux tours, — ces virages communistes qui sont toujours du plus mauvais effet. Par-dessus le marché, certains dirigeants communistes ont même fait voter discrètement pour M. Giscard d'Estaing le 10 mai. En vain, trop tard.

La bataille était déjà gagnée, donc perdue, et M. Mitterrand élu.

EXERCICE

A votre avis, qu'aurait dû faire M. Mitterrand pour être battu en 1981 ?

a/ lire à la télévision les principaux passages de son programme.
b/ ne pas mettre une église dans le fond de ses affiches sur « la force tranquille ».
c/ se montrer plus souvent en compagnie de Pierre Mauroy.
d/ menacer de couler le *Rainbow Warrior*.
e/ agresser M. Chirac lors d'un face à face télévisé.

Corrigé :

Il n'y avait rien à faire.

DE L'INCURIE

DE L'INCURIE

I. *Comment faire des promesses absurdes*

Dans les sociétés contemporaines, la politique économique a pris une importance considérable. Soucieux d'être battu de façon irréversible, l'homme politique se doit de démontrer qu'il est incapable de gérer une économie moderne. La tâche est aisée pour qui se trouve dans l'opposition ; il lui suffit d'annoncer qu'une fois au pouvoir il prendra des mesures contradictoires, mesures dont la nocivité doit apparaître au premier coup d'œil, même à un esprit peu familier des subtilités de l'économie politique.

Ainsi les partis signataires du Programme commun de la gauche annoncèrent-ils en 1972 qu'ils se proposaient d'augmenter les salaires (p. 257) ; d'assurer la stabilité des prix ; de fonder une échelle mobile des salaires, traitements, pensions, retraites et allocations familiales sur un indice des prix établi avec l'accord des organisations syndicales ; d'alléger les impôts ; de revaloriser les prestations familiales, les retraites et les pensions (p. 258) ; de diminuer la durée du travail avec maintien intégral du salaire ; d'augmenter la durée des congés (p. 259) ; de revaloriser les indemnités de chômage (p. 260) ; d'augmenter les taux de remboursement de la Sécurité sociale (p. 263) ; de construire 700 000 logements par an dont trois quarts de HLM (p. 267) ; d'abaisser les tarifs des transports en commun (p. 268) ; d'alléger la fiscalité pesant sur la population laborieuse (p. 304).

Quoique grossier, le procédé reste largement employé. Aujourd'hui M. Chirac et le RPR se proposent à la fois d'augmenter massivement les crédits affectés à la défense nationale, de colmater les déficits publics et de diminuer de façon significative le taux de l'impôt.

Il reste que l'opinion risque d'être peu sensible à des propositions si clairement orientées vers la défaite. Le candidat devra s'efforcer de faire croire que ses propositions sont sérieuses et qu'il s'apprête à les mettre en œuvre. La technique de *la contrepartie fictive* est particulièrement efficace : elle consiste à redoubler l'effet de promesses *économiquement absurdes* en les finançant par des *ressources imaginaires.* Dans le chiffrage du Programme commun établi en 1977, le Parti communiste avait gagé les dépenses nouvelles entraînées par la politique de la gauche par des économies à réaliser sur les gaspillages des monopoles. De même la droite tire en 1986 des traites sur la confiance rétablie par le départ des socialistes.

Ces facilités ne sont malheureusement accessibles qu'aux partis qui se trouvent dans l'opposition. Un parti au pouvoir démontre quotidiennement qu'il est en mesure de gérer une économie moderne. Il ne lui reste qu'une seule voie pour accéder à la défaite : conduire une politique économique désastreuse.

DE L'INCURIE

II. *Conduire une politique économique désastreuse*

Contrairement aux apparences, il est délicat de faire une mauvaise politique économique. Car les affaires d'un État ne se traitent pas comme celles d'un ménage. Il ne suffit pas de dépenser plus que l'on ne gagne, de contracter des dettes en quantité telle que l'on ne puisse les rembourser ou de gaspiller les biens reçus en héritage. Bien des comportements qui ont mené à la faillite de riches maisons peuvent, si l'on n'y prend garde, assurer la prospérité des États.

Des gouvernants à courte vue pourraient croire qu'il suffit d'encourager l'inflation pour démontrer une inaptitude à gérer l'économie. Développer les déficits publics, les financer par la planche à billets, affaiblir la monnaie sur les marchés des changes, augmenter les salaires au-delà de ce qu'autorise la croissance de la production, l'ensemble de ces mesures permet assurément d'entretenir une hausse régulière des prix qui débouche, à court ou moyen terme, sur une dévaluation. Depuis plus d'un siècle, les gouvernements français nous ont fourni de nombreux exemples de ces pratiques, et nous nous dispenserons d'en imposer la liste au lecteur.

Mais cette politique n'est pas sans danger ; les déficits publics stimulent l'activité économique, la dépréciation de la monnaie favorise les exportations. En bref, si les prix augmentent, le chômage risque de diminuer.

Il n'est guère plus facile de mettre en œuvre une politique qui vise à accroître le chômage. Licencier des milliers, voire des centaines de milliers de salariés, cela finit par peser sur le niveau des salaires. Il en résulte des coûts moins élevés pour les entreprises, et donc une baisse des prix. Les produits qui ne peuvent trouver preneur sur le marché, à cause de la réduction du pouvoir d'achat, s'exportent aisément en raison de leur compétitivité. A l'arrêt de l'inflation s'ajoute l'effet désastreux d'un excédent de la balance commerciale et d'une monnaie solide.

Cette politique conduit à l'inverse du résultat recherché. Stimulée par les exportations, l'économie redémarre et l'embauche en est stimulée d'autant.

Il est donc nécessaire de concevoir et de mettre en œuvre une politique susceptible de développer à la fois le chômage et l'inflation. Un tel objectif, rarement atteint dans le passé, suppose beaucoup de savoir-faire. M. Raymond Barre y parvint en moins de cinq ans. Le chômage augmente de moitié entre 1975 et 1980, de 840 000 à 1 450 000 personnes. Quant à l'inflation, elle atteint 13,6 % en 1980, le chiffre le plus élevé de toute la Vᵉ République. Comme l'avait à juste titre remarqué M. Valéry Giscard d'Estaing, il était nécessaire de faire appel au meilleur économiste de France pour obtenir un tel résultat.

DE L'INCURIE

III. *Comment réussir une dévaluation manquée*

L'opinion comprend mal la politique économique et n'y porte qu'un intérêt limité. Pour convaincre les électeurs de son incompétence dans ce domaine, il est nécessaire d'utiliser ces moments privilégiés que constituent les dévaluations. Alors seulement on pourra se déconsidérer d'un coup et établir pour plusieurs années sa réputation. Il convient donc d'accorder un soin particulier au choix du moment et aux modalités qui permettent de réaliser une bonne dévaluation.

Comment réussir une dévaluation manquée ? Cela pose de délicats problèmes, à la fois de forme et de fond. Sur le fond, il faut éviter, autant que possible, les conséquences positives de la dévaluation sur l'économie nationale tout en maximisant les conséquences négatives. Un gouvernant avisé peut dévaluer de façon insuffisante. Cette précaution permettra de répéter l'opération plusieurs fois de suite et de redoubler l'effet d'une dévaluation manquée par une autre dévaluation manquée. MM. Mauroy et Delors, qui réussirent à dévaluer le franc à trois reprises en moins de vingt mois, établirent une sorte de record. Attention toutefois à ne pas banaliser l'événement, ce qui lui ôterait toute efficacité.

Une bonne dévaluation doit être réalisée *à chaud* sous la pression des spéculateurs internationaux. Cela permet de rémunérer les services que les spéculateurs rendent dans la course à la perte du pouvoir. Cette juste récompense permettra de faire appel à leur concours lorsque l'occasion se représentera. En outre, l'idée que des financiers internationaux se sont enrichis sans effort au détriment de l'économie de notre pays heurte à la fois la morale et la fierté nationale.

Une dévaluation réalisée sous la pression des spéculateurs assèche les réserves de devises de la Banque de France. On peut ainsi amplifier l'humiliation ordinaire, liée à la perte de valeur de la monnaie, en se contraignant à solliciter des prêts internationaux.

Le gouvernant devra prendre des mesures d'accompagnement qui, en favorisant la hausse des prix, permettront d'annuler rapidement les effets bénéfiques de la dévaluation sur le commerce extérieur. Par exemple augmenter les salaires afin de prendre en compte l'augmentation du prix des produits importés ; ou bien augmenter les dépenses publiques afin de ranimer l'économie ;

ou encore réduire la durée du travail afin de lutter contre le chômage.

La forme de la dévaluation — c'est-à-dire le choix du moment, le contexte dans lequel la décision est prise et la façon dont elle est présentée — se révèle aussi importante que ses conséquences économiques. La précipitation est mauvaise conseillère. *Il ne faut jamais dévaluer en arrivant au pouvoir ;* car la mauvaise situation économique sera portée au crédit des prédécesseurs. MM. Mauroy et Mitterrand eurent raison de ne pas suivre le conseil imprudent donné par M. Rocard : dévaluer dès le mois de juin 1981. En dévaluant au bout de six mois, la gauche put au contraire revendiquer à elle seule le bénéfice d'une mauvaise politique économique, et souligner qu'elle avait mis peu de temps à atteindre ce fâcheux résultat.

Il est recommandé de dévaluer à la veille des vacances. L'économie est chose abstraite, dont le citoyen perçoit mal les effets ; il convient de les rendre concrets et directement présents dans la vie quotidienne. Le Français qui se déplace à l'étranger à l'occasion de ses vacances pourra observer plusieurs fois par jour que la monnaie qu'il utilise a perdu sa valeur. Il sera humilié par le touriste germanique qui dispose de devises fortes et qui n'hésitera pas à commander les plats les plus coûteux lorsque notre concitoyen devra compter pour nourrir chichement sa famille.

L'effet pourra être redoublé par l'instauration

d'un contrôle des changes. L'allocation touristique de devises doit être à la fois :

a/ ridiculement faible, afin que chacun puisse penser qu'on veut le priver de ses vacances.

b/ incontrôlable, afin que l'on puisse tout de même se rendre à l'étranger pour observer *de visu* la faible valeur de la monnaie nationale.

c/ inefficace, afin que des effets économiques bénéfiques ne viennent pas diminuer l'impact déplorable sur l'opinion.

La technique utilisée par M. Delors en juin 1982 fut dans ce domaine proche de la perfection. La création d'un carnet de change obligatoire couronna heureusement l'édifice en donnant à la population un avant-goût de rationnement et de fermeture des frontières. On alla même jusqu'à faire passer un frisson de goulag en invitant les Français à des vacances bon marché dans des camps militaires.

Il reste enfin à entourer la dévaluation de démentis qui ne sont crus par personne et de proclamations péremptoires aussitôt infirmées par les décisions prises. Le simple mensonge du type « il n'est pas question de dévaluer le franc » ou « une telle mesure n'a été ni envisagée, ni étudiée », formulé au moment même où se réunissent les ministres concernés, n'est pas d'une très grande efficacité. Car l'opinion peut penser que de telles déclarations ont été faites dans le but louable d'arrêter la spéculation.

La déclaration attribuée à M. Mauroy : « Je ne serai pas l'homme d'une troisième dévaluation », est plus heureuse. Elle permet, le jour venu, d'accréditer l'idée que le gouvernant n'a pas de parole. Il semble toutefois que les polémistes ont surestimé le talent du maire de Lille : celui-ci n'est pas l'auteur de cette remarquable formule, purement et simplement inventée par la presse.

Enfin, l'efficacité est maximum lorsque le gouvernement donne l'impression de l'incertitude et de la confusion ; lorsque les déclarations et les rumeurs les plus opposées se propagent ; lorsque tous les responsables, et d'abord le premier d'entre eux, manifestent leur impuissance devant la tourmente monétaire.

L'attitude de M. Mitterrand au mois de mars 1983 illustre bien cette suprême habileté. Pendant plus de dix jours, le chef de l'État entretint le doute sur ses intentions : se propose-t-il de changer le Premier ministre ? Enverra-t-il à l'hôtel Matignon M. Delors, Européen convaincu, ou M. Bérégovoy, favorable, dit-on, à une politique protectionniste ? La France gardera-t-elle sa place dans le système monétaire européen ou le gouvernement laissera-t-il flotter le franc ? Cette confusion, soigneusement encouragée, donna à chacun le sentiment que la France n'était plus gouvernée.

DE L'INCURIE

IV. *Comment faire des dettes judicieusement*

La mise en œuvre d'une politique systématique d'endettement public reste un sujet controversé parmi les stratèges de la défaite électorale. L'instrument est puissant mais de maniement délicat. Il aboutit, comme souvent, à l'inverse du résultat recherché.

A court terme, le recours à l'emprunt, surtout lorsqu'il est utilisé pour financer une politique de gaspillage des fonds publics, permet au ministre de l'Économie de développer une image de marque détestable et une solide réputation d'incompétence. Cette stratégie peut dans l'immédiat conduire à l'échec électoral. Mais c'est une défaite à la Pyrrhus. On abandonne une arme considérable dans les mains de l'adversaire. C'est lui qui devra rembourser, lui qui pourra augmenter la fiscalité pour faire face à des charges financières accrues. En revanche, le souvenir des libéralités de celui qui a su dépenser sans compter s'imposera peu à peu.

De même, il est en apparence fort rentable d'émettre des emprunts à des conditions ruineuses pour le Trésor public. Mais les conséquences à long terme sont parfois difficiles à prévoir.

Ainsi, en 1972, M. Valéry Giscard d'Estaing, alors ministre des Finances, a émis un emprunt indexé sur le cours du lingot d'or. Pour être sûr que le bénéfice moral de cette opération très coûteuse pour l'État lui soit attribué, il s'est efforcé d'associer son nom à cet emprunt.

Lors de son émission, l'emprunt a fait rentrer 6,5 milliards de francs dans les caisses de l'État. Les intérêts représentent déjà plus de 22 milliards de francs. Lorsque l'emprunt arrivera à échéance en 1988, son coût global (intérêts et remboursement) dépassera les 100 milliards de francs. Jamais l'État n'a réalisé une opération financière aussi calamiteuse.

Or, loin d'établir l'incompétence de M. Giscard d'Estaing, cet emprunt a renforcé sa popularité. Les 370 000 Français qui ont souscrit lors de l'émission ont réalisé une si bonne opération qu'ils en sont devenus des électeurs fidèles et reconnaissants. Il en est de même de tous ceux qui, ultérieurement, ont acheté des titres de cet emprunt pour mettre leurs économies à l'abri. La gauche d'ailleurs ne s'est pas trompée sur la popularité de l'opération en essayant, à l'automne

1984, de remettre en cause les avantages de l'emprunt Giscard.

A l'inverse, M. Joseph Sanguedolce, maire communiste de Saint-Étienne, a vu d'emblée tout le parti qu'il pouvait tirer des difficultés financières de la coopérative Manufrance. Il était clair, à l'époque, que cette société serait rapidement mise en faillite. En apportant la caution de la ville à un emprunt émis en francs suisses, M. Sanguedolce condamnait la municipalité à rembourser une dette dont les Stéphanois n'ont tiré aucun profit. La somme était suffisamment importante pour entraîner une hausse significative des impôts locaux et désigner clairement les responsables de cette augmentation. Aucun risque enfin, compte tenu de la devise dans laquelle était libellé l'emprunt, pour que l'inflation vienne alléger le poids des remboursements.

Ces deux exemples permettent de formuler quelques règles d'action qu'il convient d'appliquer avec doigté :

a/ il vaut mieux emprunter à l'étranger, car les bénéfices du prêt ne seront pas encaissés par des électeurs. En outre, la dette extérieure permet d'accroître le déficit des paiements. Ce mécanisme peut déboucher sur un système auto-entretenu. L'augmentation de la dette extérieure accroît le déficit des paiements, qui provoque la dévalorisation de la monnaie, qui entraîne l'augmentation de la dette extérieure. Seuls des virtuoses sont capables de mener une telle politique.

b/ il vaut mieux emprunter dans une devise forte que dans une devise faible. Ainsi, la dette publique augmente chaque année en raison de la dépréciation de la monnaie nationale.

c/ il vaut encore mieux emprunter dans une devise qui monte. La charge de remboursement peut alors être considérablement accrue. Les emprunts souscrits en dollars à 6 francs en 1981 sont remboursés avec un dollar à 10 francs en février 1985. Attention : les devises qui montent rapidement peuvent s'effondrer de même, et annuler en quelques semaines des dettes qui ont été patiemment accumulées pendant plusieurs années. Entre février et octobre 1985, le dollar a perdu le cinquième de sa valeur, allégeant d'autant la dette extérieure de la France.

d/ il vaut mieux emprunter à court terme qu'à long terme. On est alors obligé de rembourser soi-même les dettes contractées.

Certains, qui confondent la stratégie politique avec l'usage du chèque sans provision, proposent d'augmenter la dette du pays jusqu'au seuil où celui-ci sera mis sous le contrôle du Fonds Monétaire International. De tels procédés ne nous semblent pas convenables. En outre, cette stratégie est à double tranchant : les gouvernants perdent la responsabilité de la politique d'austérité qui sanctionne l'incompétence économique. Les manifestants dans la rue, au lieu de conspuer leurs mauvais ministres, s'en prennent aux experts du FMI. Le contraire de l'effet recherché.

DE L'INCURIE

V. *Appliquer une politique doctrinaire*

Il n 'est pas de plus mauvaise façon d'aborder la politique économique que de traiter les problèmes cas par cas. Les gouvernants risquent d'appliquer des solutions adaptées qui relanceraient une entreprise que l'on se propose de mettre en faillite, créeraient des emplois dans une région où il est souhaitable d'en supprimer ou développeraient les exportations plutôt que d'accroître les importations.

En revanche, concevoir une politique en fonction d'une *doctrine définie a priori,* puis appliquer cette politique quelles que soient les circonstances, voilà une démarche particulièrement féconde. Dans la plupart des cas, les décisions prises conduiront à alourdir les charges, à faire baisser la productivité et à mettre ainsi les secteurs économiques concernés en difficulté. Certes, il se peut qu'à la suite d'un malheureux hasard la politique inspirée par la doctrine ait un effet bénéfique sur l'emploi ou sur la rentabilité d'un ou deux secteurs industriels ; mais le fait est suffisamment rare pour ne pas remettre en cause la méthode.

Les nationalisations effectuées par la gauche en 1982 illustrent bien l'efficacité d'une politique économique doctrinaire. La nationalisation d'une entreprise peut trouver de nombreuses justifications : sauver un secteur en difficulté, développer une production nécessaire au dynamisme économique du pays, assurer dans de meilleures conditions le fonctionnement d'un service d'intérêt général. Sensible aux dangers d'une politique économique pragmatique, la gauche s'est bien gardée de limiter à de tels critères son programme de nationalisation. Le programme socialiste *Changer la vie,* adopté en 1972, prévoit « un seuil minimum (de nationalisation) nécessaire pour engager la transformation socialiste de l'économie nationale » (p. 73). L'idée est reprise sous une forme encore plus absconse dans le Programme commun : « Le franchissement du seuil minimum doit permettre de limiter et de circonscrire les bases monopolistes. » (p. 295). C'est dire que l'on va nationaliser en fonction de la taille des entreprises, et non en fonction de critères économiques.

Afin que chacun, actionnaire ou entrepreneur, se sente menacé, il était nécessaire d'annoncer de nouvelles vagues de nationalisations. Ainsi le programme socialiste proclame que « toute limitation trop rigide du secteur public au nom d'impératifs techniques compromettrait le projet socialiste lui-même, et l'expérience des premières années de coexistence de la propriété collective ainsi élargie avec la propriété privée permettra de proposer dans une phase ultérieure au verdict populaire un nouveau programme de nationalisation » (p. 73), idée que reprend le Programme commun : « La progressivité des nationalisations sera liée au développement économique et aux exigences des masses » (p. 295). Il est, en revanche, regrettable que le Programme commun n'ait pas retenu la proposition du Parti socialiste de transformer les grandes surfaces de distribution en coopératives.

L'indemnisation des actionnaires doit s'effectuer selon deux principes hélas antinomiques :

a/ multiplier les mécontents en offrant une indemnisation lente, médiocre et partielle ;

b/ coûter le maximum d'argent à l'État en achetant au-dessus de leur valeur des entreprises en mauvaise santé.

Le *Programme socialiste* de 1972 avait mis en avant le premier principe : « La nationalisation (...) ne doit pas conduire à reconstituer sous une autre forme les concentrations de fortune et de pouvoir qu'elle vise à briser. (...) Tout détenteur d'actions recevra en échange de ses titres évalués à la valeur liquidative des bons d'État indexés portant intérêt. Il pourra en demander à tout moment le remboursement, mais celui-ci sera plafonné et réparti dans le temps (en moyenne cinq fois le SMIC annuel). Lors du décès du titulaire, les bons ne seront transmissibles qu'au conjoint et aux enfants mineurs. Cette formule sauvegarde les intérêts des petits épargnants et permet aux héritiers de finir leurs jours sans traumatisme inutile » (p. 73).

Ce texte, confus et incompréhensible, justifie par avance toutes les craintes. Lorsqu'au terme de plusieurs lectures, l'épargnant entrevoit la signification, il comprend :

a/ qu'en échange de ses belles et bonnes actions il recevra des bons d'État, c'est-à-dire monnaie de singe ;

b/ qu'il ne pourra ni céder ces bons, ni en obtenir le remboursement ;

c/ si le texte prend soin de dire que la formule protège les intérêts des petits épargnants et de leurs héritiers, cela laisse supposer que ses auteurs se proposent de les spolier.

En 1982, le gouvernement préfère se conformer au second principe. Avec l'aide du Conseil Constitutionnel, qui relève le taux des indemnisations, le gouvernement achète pour une somme considérable (45 milliards de francs) des entreprises qui étaient, pour une partie d'entre elles, en quasi-faillite.

***

La magistrale leçon de stratégie politique donnée par la gauche n'a pas été perdue pour tout le monde. Les meilleurs économistes de la droite se sont longuement penchés sur le problème et ont trouvé la riposte : les dénationalisations seront réalisées avec le même esprit de système, la même conviction doctrinaire et la même précipitation que les nationalisations.

Les centaines de milliers d'actions émises par les entreprises à dénationaliser permettront d'assécher le marché financier, de perturber le fonctionnement de la Bourse et de dresser contre le gouvernement de la droite la masse des épargnants qui constitue sa clientèle électorale naturelle.

Seules les entreprises rentables pourront être vendues au secteur privé, tandis que les entreprises en déficit resteront dans le secteur public. Les titres devront être proposés à un prix suffisamment bas pour être attractif. On peut faire confiance aux spéculateurs pour édifier des fortunes aussi rapides que malhonnêtement acquises. La droite en tirera un double bénéfice : elle pourra se faire d'un même mouvement une réputation d'incompétence et de corruption.

DE L'INCURIE

VI. *Le stop and go ou comment agir à contretemps*

Il est recommandé de changer souvent de politique économique. Même médiocre, une politique menée avec persévérance risque d'avoir, à la longue, des effets positifs. La continuité dans l'effort est mauvaise conseillère. Il convient plutôt de changer d'orientation dès que la politique suivie a eu ses effets négatifs, et avant que ne se produisent les conséquences positives. Les Anglo-Saxons ont un mot pour désigner cette politique, *stop and go*, qui évoque la conduite automobile. Il est connu que le meilleur moyen d'user prématurément une voiture est d'alterner de vigoureuses accélérations et de violents coups de frein.

Ainsi la relance opérée en 1981 avait presque atteint l'ensemble de ses effets négatifs en juin 1982 : déficits massifs des finances publiques et de la balance des paiements, dévaluation de la monnaie. Elle risquait d'avoir quelques effets positifs sur l'emploi. C'était donc le moment propice pour engager une politique de rigueur.

On comprend bien pourquoi il n'aurait pas été judicieux d'appliquer une politique d'austérité dès le départ. Sans les gaspillages de l'année 1981, la rigueur aurait été moins draconienne, moins durable et ses effets positifs se seraient fait sentir beaucoup trop tôt.

La gauche a mis ces principes en application avec intelligence dans le recrutement des fonctionnaires :

Première étape : en 1981 et 1982, le gouvernement a embauché plus de 100 000 fonctionnaires.

Seconde étape : depuis 1983, il s'efforce de réduire les effectifs de la fonction publique ; chaque année 5 000 emplois libérés par les mises à la retraite et les départs volontaires ne sont pas pourvus.

Résultats : les recrutements des années 1981-1982 n'ont pas été très sélectifs, ni pour la qualité des candidats, ni dans le choix des secteurs où les besoins étaient les plus criants. En revanche, le tarissement actuel du recrutement laisse certaines branches de l'administration cruellement démunies de personnel. En outre, ces irrégularités dans le recrutement déséquilibrent la pyramide des âges de la fonction publique et bloquent l'avancement normal des agents de l'État ; en bref, de telles opérations exacerbent le mécontentement d'une catégorie sociale où se recrutent massivement des électeurs de gauche.

La droite, elle aussi, connaît bien les finesses du *stop and go*. En 1976, Raymond Barre inaugure son ministère en bloquant les prix. A Noël, il ne consent à libérer que les prix des chocolats fins, du boudin blanc et des marrons glacés. Le zèle du Premier ministre est sans défaillance. A l'automne 1977, plus d'un an après son arrivée à Matignon, il diminue d'autorité le prix des poulets de chair de 5 %, fixe avec sollicitude des prix-plafonds pour les eaux minérales, les vins d'appellation d'origine contrôlée servis dans les débits de boissons, ainsi que pour les bières et pour certaines denrées solides à consommer sur place.

Avec gravité, il annonce que « les prix de la pâtisserie fraîche seront bloqués, tandis que sept produits de large consommation comme, par exemple les croissants, les pains au chocolat, seront taxés en valeur absolue ». Taxer le prix des croissants, voilà qui frappe l'imagination populaire.

A partir des élections législatives de 1978, le gouvernement qu'il préside se fait gloire au contraire de briser la réglementation. Les prix industriels sont libérés à la fin de 1978. Pour la première fois depuis la Libération, le ministère de l'Économie et des Finances renonce à fixer le prix du pain. Et c'est au nom du libéralisme, enfin, et de l'abolition des contrôles administratifs tatillons que M. Barre fera campagne pour l'élection présidentielle en 1988 ; ou avant, si le peuple français le veut et Dieu le permet.

***

Le *stop and go* est l'une des grandes figures de la stratégie de la défaite. Non seulement il condamne une politique à l'inefficacité mais encore il disqualifie l'homme qui la met en pratique en montrant que celui-ci ne sait pas ce qu'il veut.

EXERCICES

I

Votre adversaire annonce qu'il va augmenter le prix de l'essence, diminuer les prestations de la Sécurité sociale, augmenter les crédits de la Défense, diminuer ceux de la Santé et l'Éducation nationale. Que faites-vous ?

a/ vous criez à la démagogie.

b/ vous proposez d'augmenter la vignette automobile.

c/ vous ne bougez pas : votre adversaire se disqualifie de lui-même. Ses propositions sont tellement incroyables qu'il sera certainement élu.

d/ à tout hasard, vous recrutez une équipe de nageurs de combat.

Corrigé :

c/ bien sûr. Si vous ne comprenez pas pourquoi, relisez les chapitres précédents.

II

Le cours du franc ne cesse d'augmenter sur le marché des changes. Que faites-vous ?

a/ vous achetez des devises étrangères pour accroître les réserves de la Banque de France.

b/ vous nommez Michel Jobert ministre du Commerce extérieur.

c/ vous publiez un communiqué qui spécifie qu'une dévaluation est « totalement exclue et n'a jamais été envisagée par le gouvernement ».

d/ vous coulez le *Rainbow Warrior.*

Corrigé :

a/ ridicule. Où donc êtes-vous allé chercher une idée pareille ? Dans les manuels de Raymond Barre ?

b/ cela peut être utile.

c/ très bien. Un tel communiqué suscitera immédiatement la méfiance des milieux financiers internationaux. Ceux-ci se mettront à spéculer contre le franc.

d/ si cela ne fait pas de mal, cela ne peut pas faire de bien.

III

Votre parti a publié un programme qui a pour objectif de défendre le cours de la monnaie, d'assurer l'équilibre des finances publiques et la stabilité des prix. Que faites-vous ?

Vous changez de parti aussitôt que possible. Sinon vous risquez de vous trouver à l'hôtel Matignon dans moins de six mois. A défaut, allez passer vos vacances à Auckland avec un faux passeport suisse.

IV

MM. Mauroy et Delors ont dévalué le franc

a/ trois fois
b/ sept fois
c/ vingt fois.

Corrigé :

a/ juste. b/ juste aussi, ils auraient pu le faire. c/ flatteurs !

DE L'ISOLEMENT

DE L'ISOLEMENT

I. *Comment miner sa base sociale*

Dans le cadre d'une politique droite-gauche, il n'est pas toujours facile d'accroître sensiblement le nombre de ses adversaires. Le pourcentage des électeurs flottants, véritables centristes prêts à se porter d'une tendance à l'autre, demeure réduit et ne saurait suffire à provoquer ces franches défaites où une coalition succombe avec 40 %, voire 35 % des suffrages.

En effet, quelle que soit son irritation contre sa famille politique, un homme de gauche a du mal à voter pour la droite, et un homme de droite pour la gauche.

Pour pallier cet inconvénient majeur, il convient de démobiliser ses propres partisans. Ils n'en voteront pas pour autant contre vous, mais le dégoût les précipitera dans l'abstention à un moment où vos adversaires feront le plein de leurs voix : vos résultats baisseront en pourcentage et vos candidats seront écrasés.

C'est si vrai que l'exceptionnelle victoire socialiste aux législatives de juin 1981 s'explique davantage par le haut niveau de l'abstention à droite que par une croissance en chiffre absolu de l'électorat de gauche.

Les formations politiques parvenues au pouvoir frappent de préférence les catégories sociales qui leur ont donné la majorité. Au-delà de la rentabilité immédiate, il entre dans ce comportement un secret esprit de vengeance.

Le phénomène est si courant que nous nous contenterons de citer quelques cas parmi les plus notoires.

On a pu remarquer que M. Giscard d'Estaing a mis beaucoup de soin à hérisser les milieux conservateurs, les industriels et les classes moyennes par une série de mesures fort appropriées. Il a légalisé l'avortement, sensiblement facilité le divorce en simplifiant les procédures, partagé l'autorité parentale entre le mari et la femme, accordé la majorité à dix-huit ans, autorisé l'essor du cinéma pornographique, levé pratiquement toute censure, encouragé à l'école une pédagogie qui ruinait l'orthographe et l'enseignement de l'histoire, invité des éboueurs à prendre le petit déjeuner à l'Élysée, promulgué une loi sur les plus-values qui empoisonne non seulement les spéculateurs mais les simples bourgeois, et fait considérablement monter le niveau des charges des entreprises.

Cette politique a connu un plein succès, puisque M. Giscard d'Estaing n'a pas gagné la moindre voix de gauche tout en perdant de nombreux soutiens à droite.

En sens inverse, M. Mitterrand a fait licencier massivement dans la métallurgie, les charbonnages, les aciéries, l'automobile, s'attaquant aux grands symboles du socialisme et diminuant en chiffre absolu les effectifs de la classe ouvrière. Il a cassé l'indexation des salaires des fonctionnaires, brimé les enseignants, porté un coup fatal à la laïcité, subventionné la création d'entreprises individuelles, fait monter les cours de la Bourse, fait baisser les taux d'indemnisation du chômage et de remboursement de la Sécurité sociale, et, pour la première fois depuis les années 50, il s'est attaqué de front au pouvoir d'achat des Français en général et des travailleurs en particulier.

Cette politique a connu un plein succès, puisque M. Mitterrand n'a pas gagné la moindre voix de droite tout en perdant de nombreux soutiens à gauche.

DE L'ISOLEMENT

II. *Comment démoraliser ses militants*

Il s'agit d'une entreprise indispensable et complémentaire de la précédente. Ce sont les militants qui répandent votre idéologie, recrutent vos électeurs, collent vos affiches, vous fournissent des cadres et des responsables locaux.

Lorsque vous êtes au pouvoir, il est donc vivement conseillé d'établir toutes sortes de distinctions entre le gouvernement et les partis politiques qui le soutiennent. Le gouvernement se gardera de suivre l'avis des militants, il les tiendra à l'écart des décisions et manifestera irritation et mépris à chacune de leurs interventions. Ajoutez à cela une bonne dose de condescendance.

Pour décourager les militants, les tactiques fondées sur le double langage sont recommandées. Nous en avons de nombreux exemples depuis quelques années :

a/ tenir des propos laïcs à l'intérieur du parti dans

le temps même où le gouvernement capitule devant les partisans de l'école libre.

b/ vitupérer la haute banque et la haute fonction publique, et maintenir en place leurs dirigeants les plus repérés.

c/ encourager dans le parti des sentiments anti-américains et tiers-mondistes, et se montrer l'allié fidèle du président Reagan en favorisant l'installation des fusées Pershing en Europe.

De façon générale, ne pas hésiter à faire au gouvernement le contraire de ce que l'on préconisait auparavant dans le parti. Exemple : vendre des armes à la terre entière (chiffre record), quand durant des années on avait condamné cette même pratique à longueur de discours. Cela vaut également pour l'ensemble de la politique économique (voir les chapitres consacrés à ce sujet).

Variante : donner une satisfaction aux militants, puis la leur retirer par surprise. Exemple : préparer une loi sur la presse tout exprès pour accabler M. Hersant, et épargner ledit M. Hersant au dernier moment.

Quelquefois, ne pas reculer devant la provocation pure et simple. Exemples :

a/ amnistier les généraux de l'OAS et les rétablir dans leurs grades quand la plupart de vos militants sont venus à la politique en luttant contre la guerre d'Algérie. Mécontenter du même coup les militaires loyaux.

b/ promettre que les femmes représenteront 30 % des élus socialistes (pourquoi 30 % ?), et n'en désigner que 10 % d'éligibles sur les listes pour les législatives.

c/ toujours pour les législatives, parachuter des responsables parisiens en province, qui prendront la place des dirigeants locaux. Dans le Vaucluse, l'arrivée de M. Delanoë, porte-parole du Parti socialiste, a entraîné une polémique à tous égards exemplaire. Deuxième avantage, le parachuté, contesté par la fédération et mal soutenu par les militants, fera moins de voix qu'un candidat indigène mieux implanté.

d/ menacer de fermer une usine que le précédent Premier ministre s'était engagé à maintenir en activité. C'est ce qu'a fait M. Fabius à propos de l'usine de laminage de Trith-Saint-Léger, dans le Nord. Manœuvre particulièrement habile, puisqu'elle met en cause des sidérurgistes — le cœur de la classe ouvrière — dans le fief de M. Mauroy. L'affaire peut ainsi dégénérer en une élégante querelle entre l'ancien et le nouveau Premier ministre.

e/ Confier une chaîne de télévision à un magnat étranger que l'on avait auparavant dénoncé comme " le fossoyeur du cinéma italien ".

f/ Recevoir le général Jaruzelski à Paris.

Si enfin vous désirez engendrer les plus vives amertumes, vous donnerez des places importantes à des gens d'esprit hétérodoxe ou qui ne viennent pas de votre famille politique. Vous développerez par là un sentiment d'injustice et de trahison qui se retournera un jour contre vous. M. Chaban-Delmas, Premier ministre, a exaspéré les gaullistes en prenant M. Delors comme conseiller à Matignon et M. Desgraupes comme directeur de l'information d'Antenne 2. M. Mitterrand a exaspéré les socialistes en nommant M. Delors ministre des Finances et M. Desgraupes président d'Antenne 2. Aujourd'hui, M. Mitterrand a tout particulièrement intérêt à servir la carrière de M. Olivier Stirn, ancien ministre de M. Giscard d'Estaing, au détriment des responsables socialistes.

Une réserve cependant : les propos précédents ne signifient pas qu'un gouvernement ne doive jamais écouter les militants. Par leur sectarisme et leur agressivité, ceux-ci peuvent parfois convaincre le pouvoir de commettre de splendides bévues. En ce domaine comme en bien d'autres, tout est affaire de dosage.

DE L'ISOLEMENT

III. *Comment donner du pouvoir à ses adversaires même s'ils n'en veulent pas*

Lorsqu'un parti ou une coalition de partis détient la majorité à l'Assemblée nationale, il lui faut attendre, sauf événement grave, cinq ans et de nouvelles élections pour avoir une chance de déposer le fardeau du pouvoir. Car un président de la République ne saurait dissoudre l'Assemblée nationale, et renvoyer sa propre majorité devant les électeurs hors de tout motif apparent, sans risquer de dévoiler sa répugnance à régenter le pays.

Cinq ans. C'est si long que les présidents et les ministres ont cherché les moyens de se dessaisir d'une parcelle au moins de cette puissance qui leur brûle les mains.

Sous M. Valéry Giscard d'Estaing, les gouvernements ont d'abord conçu d'ouvrir largement à leurs adversaires les diverses commissions nommées pour assister ici ou là l'administration, la Commission d'avance sur recette du Centre

National du Cinéma par exemple, ou la commission des bourses du Centre National du Livre, afin de faire subventionner des œuvres hostiles à la société dite libérale et à ses dirigeants. Dans le même état d'esprit, on incita le Parti communiste à infiltrer largement les maisons de la Culture, ou la direction de certains théâtres nationaux. Pour intéressante qu'elle soit, cette solution reste très limitée et n'affecte que la périphérie du pouvoir.

C'est alors que M. Giscard d'Estaing découvrit une méthode beaucoup plus remarquable : celle qui consistait à perdre coûte que coûte les élections cantonales et municipales. L'hostilité des conseils généraux et municipaux entrave avec efficacité l'action du gouvernement et de ses préfets, mais surtout ces revers démontrent de façon irréfutable que le président de la République et les forces qui le soutiennent n'ont plus la majorité dans le pays.

La droite au pouvoir parvint ainsi à être minoritaire lors des élections cantonales de 1976 et des élections municipales de 1977. Le résultat de ces dernières parut singulièrement heureux, puisque M. Durafour, ministre délégué aux Finances et maire de Saint-Étienne, fut battu et du coup condamné à quitter sans gloire la rue de Rivoli.

Cependant, et bien qu'à court terme elle ait atteint les objectifs escomptés, cette stratégie n'empêcha pas M. Valéry Giscard d'Estaing de l'emporter aux élections législatives de 1978.

Après leur éclatante victoire en 1981, les socialistes se devaient de mieux faire. Il y avait même urgence. Voilà pourquoi l'une de leurs premières réformes a été l'élaboration d'un projet de loi sur la décentralisation. Rédigé par l'un des plus clairvoyants de leurs ministres, M. Gaston Defferre, ce texte déléguait aux conseils municipaux, aux départements et aux régions une large partie des pouvoirs jusqu'ici dévolus à l'État. Des budgets considérables étaient ainsi transférés aux collectivités locales. Dans les départements, le président du Conseil général élu prenait désormais le pas sur le préfet nommé par le gouvernement, et à cette occasion rebaptisé du titre plus modeste de « commissaire de la République ».

Perspicace, la droite sentit le piège et s'opposa au projet avec toute la vigueur dont elle se sentait capable. Baroud d'honneur : la loi fut bien entendu votée.

Et le résultat ne se fit pas attendre. Retournant à leur profit la stratégie sournoise de M. Giscard d'Estaing, les socialistes s'empressèrent de perdre les cantonales de 1982 — mais de justesse —, les municipales de 1983 — avec brio —, les cantonales de 1985 — avec superbe.

La gauche a ainsi abandonné le contrôle de trente-six villes de plus de trente mille habitants. Et depuis les dernières cantonales, la droite se trouve administrer soixante et onze départements sur quatre-vingt-seize, et seize régions sur vingt-deux, tout en ayant à sa disposition des budgets imposants. Affreuse victoire. N'oublions pas que le budget de la région Aquitaine est trois fois supérieur à celui du ministère de la Culture, que le budget de la région Poitou-Charente est cinq fois supérieur à celui du ministère du Plan et de l'Aménagement du territoire, etc.

DE L'ISOLEMENT

IV. *Pourquoi tricher lors des élections locales*

Lors des élections municipales, les partis au pouvoir auraient tort de penser qu'il leur suffit de perdre la majorité dans un certain nombre de grandes villes. Nous l'avons déjà mentionné : en 1977, la droite a cédé à la gauche une quantité appréciable de municipalités, mais, une fois l'événement passé, la défaite n'eut pas tout le retentissement nécessaire. Bientôt oubliée, elle ne porta pas vraiment à conséquence.

On ne saurait trop répéter qu'en cette matière l'objectif à atteindre reste le suivant : les partis au pouvoir doivent non seulement se faire chasser des mairies les plus importantes, mais encore prouver devant l'opinion publique qu'ils sont désormais minoritaires dans le pays, ce qui rendra à coup sûr la conduite du gouvernement plus difficile et la défaite aux élections à venir plus certaine. Il convient pour cela que les circonstances de la défaite aient un caractère suffisamment marquant et cuisant pour qu'elles frappent l'opinion publique sur une longue période.

Comment y parvenir ?

Le problème a été brillamment résolu en 1983 par le Parti communiste, lors des dernières élections municipales. Il fallait avoir le courage d'y penser : il suffisait de tricher.

Et c'est ainsi que le PC a truqué les résultats électoraux dans de nombreuses municipalités qu'il détenait, et où il risquait sans cela d'être battu avec une discrétion regrettable.

Les avantages de cette tactique sont multiples :

a/ en remportant une fausse victoire par le bourrage des urnes et le tripotage des listes électorales, le parti concerné commence par se déconsidérer devant l'opinion publique.

Attention : cela suppose que les manipulations du scrutin soient grossières, et très supérieures à celles ordinairement tolérées par la classe politique française. Car, cela va de soi, il ne servirait à rien de tricher sans se faire prendre.

b/ l'effet de la tricherie est redoublé par les différents arrêtés des tribunaux administratifs, que confirme ensuite le Conseil d'État. La publication des divers jugements, égrenée sur de nombreux mois, est du plus bel effet. En outre, il paraît judicieux de mettre en cause les magistrats, afin de marquer que l'on fait bien fi de la légalité républicaine.

c/ cette situation a l'avantage supplémentaire de rendre service à vos partenaires, en l'occurrence le Parti socialiste qui, sans l'avoir sollicité, se trouve associé à votre manœuvre, et dans cette situation agréable où il ne peut ni la dénoncer, ni l'approuver.

d/ si vous parvenez à vous faire condamner — ce qui s'est produit dans la très grande majorité des cas —, l'organisation des diverses élections partielles va elle aussi s'étaler sur des mois pour d'évidentes raisons de calendrier. Vous obtiendrez ainsi une ou plusieurs élections municipales partielles par dimanche pendant près de quatre mois.

e/ lors de ces élections partielles, vous vous abstenez bien sûr de bourrer les urnes, ce qui d'ailleurs vous serait difficile. Vous avez donc toute chance de les perdre, ce qui démontre à la fois : que vous avez bien triché la fois précédente ; et que vous êtes en effet devenu minoritaire dans vos anciens fiefs.

f/ l'opinion publique découvre donc chaque lundi l'une de vos nouvelles défaites, et une défaite infamante, ce qui vaut tout de même mieux qu'une défaite groupée en un seul jour comme cela aurait été le cas si vous n'aviez pas eu l'idée de tricher. Du premier tour de scrutin national à la dernière élection partielle, l'ensemble du processus s'étale sur environ dix mois, selon le principe qui veut que les longues défaites valent toujours mieux que les défaites rapides et trop vite oubliées.

EXERCICES

I

Un président de la République conservateur décide de désorienter les militants de droite. Parmi les propositions suivantes, dites celle qui vous paraît la meilleure :

a/ être l'ami de M. Helmut Schmidt, chancelier socialiste de République fédérale.
b/ serrer la main de prisonniers mutinés.
c/ retirer les parachutistes du Tchad.
d/ nommer M. Jean-Jacques Servan-Schreiber ministre des Réformes.

Corrigé :

Toutes les réponses sont bonnes.

Un président de la République socialiste décide de désorienter les militants de gauche. Parmi les propositions suivantes, dites celle qui vous paraît la meilleure :

a/ être l'ami de M. Helmut Kohl, chancelier démocrate chrétien de République fédérale.
b/ ne pas serrer la main des prisonniers mutinés.
c/ envoyer les parachutistes au Tchad.
d/ nommer M. Jean-Jacques Servan-Schreiber président du Centre Mondial Informatique.

Corrigé :

Toutes les réponses sont bonnes.

II

Enrichissez les phrases suivantes en introduisant le mot exact qui manque.

1. Le Parti communiste a subi une défaite d'une ampleur ....

   a/ suspecte.
   b/ inégalée.
   c/ réversible.

Corrigé :

inégalée

2. Le Parti socialiste a encore baissé de quatre points dans les sondages, mais on sent comme un .... dans l'opinion.

   a/ ricanement.
   b/ remords.
   c/ frémissement.

Corrigé :

frémissement

3. Le socialisme à la française, c'est la social-démocratie moins les ....

   a/ finances publiques.
   b/ syndicats.
   c/ rocardiens.

Corrigé :

les syndicats

4. Entre le plan et le marché, il y a le ....

   a/ socialisme.
   b/ Rainbow Warrior.
   c/ personnage de Pierre Mauroy.

Corrigé :

socialisme

5. M. Barre est le .... de la bataille économique.

   a/ Grouchy.
   b/ Joffre.
   c/ Bazaine.

Corrigé :

Joffre

6. Si l'opposition l'emporte aux prochaines élections législatives, je me retire à ....

   a/ Auckland.
   b/ Rambouillet.
   c/ Marseille.

Corrigé :

Rambouillet

III

Narration : relevez dans votre région, votre département, votre canton, votre commune, votre quartier ou votre village des cas de démoralisation de militants. Dites pourquoi. Développer de manière vivante et pittoresque. Imaginez, si la chose est possible, un discours capable de consoler ces malheureux.

DE LA DIVISION

DE LA DIVISION

I. *Comment perdre ses alliés*

Quand par mégarde, malchance ou erreur une famille politique l'emporte sur l'autre, c'est en général sous la forme d'une coalition de partis qu'elle parvient au pouvoir. Pour préparer les revers futurs, il convient donc de briser cette coalition, ce qui — on va le voir — ne s'avère pas aussi aisé qu'on pourrait le croire.

Vos alliés refusent souvent de vous abandonner en cours de route. Malgré les avanies que vous leur faites subir, ils s'accrochent. Ils ont partagé avec vous les mauvais jours au gouvernement, ce n'est pas pour vous laisser profiter seuls d'une défaite qui se profile à l'horizon électoral ; ils exigent leur part d'impopularité, et ne peuvent en toucher tous les bénéfices qu'en demeurant à vos côtés.

M. Giscard d'Estaing a mis près de deux ans pour se défaire de M. Chirac, qui présentait l'inconvénient de lui assurer une majorité sans problème à l'Assemblée nationale. Et même après la rupture, les gaullistes sont demeurés présents dans le gouvernement de M. Barre.

Pareillement, les communistes sont restés trois ans dans les gouvernements de M. Mauroy, bien qu'ils en aient récusé les orientations dès l'été 1982.

Il existe cependant différentes méthodes pour contraindre ses alliés à la rupture :

a/ au gouvernement : leur faire appliquer une politique qu'ils condamnent. M. Giscard d'Estaing a imposé une politique de réformes à M. Chirac, et chacun sait que M. Chirac a les réformes en horreur. M. Mitterrand a fait avaliser deux plans de rigueur à ses ministres communistes, l'installation des fusées Pershing en Europe occidentale, des déclarations contre l'état de siège en Pologne, etc. Cela n'est pas suffisant, surtout au début, mais nourrit la division.

b/ au parlement : coincer ses alliés par l'usage de l'article 39-4 de la Constitution, qui force votre partenaire à soutenir les textes de lois qui lui répugnent tout en le privant du droit de vote. Dans le même état d'esprit, on doit encourager les diverses procédures de vote bloqué. M. Barre s'était fait là une spécialité à l'encontre du RPR.

c/ devant l'opinion : annoncer que l'on a pour

principal objectif de prendre des voix à ses alliés et de réduire leur parti à l'état de groupuscule. M. Poniatowski avait hautement proclamé qu'il voulait « casser » le parti gaulliste au début du septennat de M. Giscard d'Estaing. Peu après la signature du Programme commun de 1972, M. Mitterrand avait exprimé l'intention de détourner à son profit le vote de deux à trois millions d'électeurs communistes.

Seule la conjugaison systématique de ces trois méthodes finit par installer l'irritation, la grogne et la méfiance chez vos alliés qui décideront enfin de vous lâcher, comme cela s'est produit à l'été 1976 avec la rupture Giscard-Chirac et à l'été 1984 avec le départ des ministres communistes.

Encore faut-il institutionnaliser la division et lui donner un fondement permanent. C'est ce qu'a découvert M. Giscard d'Estaing lorsqu'il a choisi de faire élire le Parlement européen au suffrage universel et au scrutin proportionnel national.

Provoquer des élections à la proportionnelle au milieu du septennat, cela présentait l'intérêt d'envoyer séparément au combat les partis de la majorité d'alors, et donc de créer les conditions de polémiques et de querelles, puisque chaque parti se trouvait par nécessité porté à se distinguer de son voisin, et que le mode de scrutin interdisait toute alliance.

Plus audacieux, M. Mitterrand eut l'idée d'instaurer la proportionnelle pour les élections législatives elles-mêmes. Les effets en sont garantis :

a/ division des partis entre eux.

b/ surgissement de petits partis qui viendront grignoter les grands sur leurs marges.

c/ division à l'intérieur des partis, puisque la proportionnelle renforce une compétition féroce entre les candidats qui veulent figurer sur des listes trop courtes pour les accueillir tous.

Seul un scrutin de division peut écarter définitivement le spectre de ces coalitions qui se resserraient d'elles-mêmes entre les deux tours des scrutins majoritaires, et si solidement qu'il fallait s'épuiser plusieurs années à les défaire.

DE LA DIVISION

II. *Réchauffer des vipères en son sein*

Dans les empires non héréditaires, le vieux chef ruine volontiers son autorité en choisissant un dauphin qui au bout du compte le menace comme un rival. Les présidents de la Ve République ont adapté cette règle à notre vie politique, trouvant là un puissant facteur de division à l'intérieur des plus hautes sphères de l'État.

Le schéma a été tracé par le général de Gaulle, qui eut deux Premiers ministres. Ne parlons pas du gouvernement très effacé de M. Couve de Murville.) Le premier, M. Debré, fut impopulaire et fidèle. Le deuxième, M. Pompidou, fut populaire et infidèle, puisqu'il finit par prendre la place du général de Gaulle lui-même. Dans les deux cas, le pouvoir s'en trouva abaissé.

M. Pompidou président reprit le schéma, mais en sens inverse. M. Chaban-Delmas, populaire et limogé, se comporta dès lors comme un rival. M. Mesmer, impopulaire, frôlait l'incapacité.

Cette permutation de l'ordre des Premiers ministres se révéla assez habile, puisqu'elle suscita un concurrent dès la troisième année du septennat.

M. Giscard d'Estaing améliora le fonctionnement de ce système, puisqu'il sut dresser contre lui ses deux Premiers ministres, MM. Chirac et Barre. « J'ai eu, confia-t-il un jour avec une certaine fierté, deux Premiers ministres : le premier m'a poignardé ; le second a piétiné mon cadavre. Mais il est vrai que je devais quelque chose au premier, alors que le second me doit tout. »

Quant à M. Mitterrand, il semble en bonne voie pour reproduire à son tour le schéma de ses prédécesseurs. Il prit d'abord un Premier ministre très impopulaire et fort incapable, M. Mauroy. Et l'on peut supposer que M. Fabius, qui soigne tant sa popularité, ne saurait manquer de se poser un jour en rival.

Ainsi une manœuvre des plus classiques continue-t-elle à faire preuve d'une belle efficacité.

DE LA DIVISION

III. *La guerre des chefs*

Si l'on a réchauffé avec persévérance des vipères en son sein, on peut avantageusement se livrer à cet exercice fort rentable qui porte depuis peu, comme une réminiscence des mœurs politiques gauloises, le beau nom de « guerre des chefs ».

Dans l'idéal, la guerre des chefs se joue à trois. S'il n'y a que deux partenaires, elle pourrait se confondre avec la concurrence normale que se livrent les grandes tendances politiques, et ne pas provoquer dans l'opinion toute la réprobation nécessaire à son succès.

Construite sur le principe des calamiteux triumvirats de la République romaine, la querelle permanente qui oppose depuis plusieurs années MM. Giscard d'Estaing, Chirac et Barre paraît à cet égard un modèle du genre.

Encore faut-il que les principaux protagonistes respectent quelques règles essentielles :

a/ la guerre des chefs ne doit pas apparaître

comme l'expression d'un pluralisme classique et bénéfique pour la démocratie. Afin d'éviter cette erreur, il est recommandé qu'au moins deux des chefs en guerre se disputent avec âpreté le même courant politique sans que rien sur le fond ne les différencie vraiment. Voilà pourquoi il semble heureux que MM. Giscard d'Estaing et Barre se donnent tous deux pour libéraux et tentent d'enrôler dans leurs camps respectifs les troupes déboussolées de l'UDF.

C'est encore mieux lorsque les trois chefs parviennent à camper ensemble sur les mêmes positions : le récent ralliement de M. Chirac aux principes du libéralisme et aux idées européennes met en valeur le caractère personnel de la bataille au détriment de sa coloration doctrinale. Sinon les différentes tendances de l'opinion pourraient se reconnaître dans chacun des chefs, et l'on risquerait d'obtenir un résultat inverse à celui recherché, puisque cela reviendrait, comme on dit, à ratisser large.
En d'autres termes, *la guerre doit être violente, mais sur un territoire réduit.*

b/ les positions politiques des différents chefs doivent varier selon les besoins du moment, et les chefs eux-mêmes doivent savoir les échanger entre eux. En 1984, pour les élections européennes, M. Chirac était partisan de l'unité la plus étroite, à l'inverse de M. Giscard d'Estaing qui souhaitait des listes séparées. Pour la préparation des législatives de 1986, permutation : c'est M. Giscard d'Estaing qui réclame des listes d'union, et M. Chirac qui y répugne. Cette confusion s'avère nécessaire, car il demeure indispensable que l'opinion ne puisse s'y retrouver.

c/ les retournements d'alliances doivent démontrer que la guerre est sans principe. On se souvient qu'en 1974 M. Giscard d'Estaing allié à M. Chirac s'opposait à M. Chaban-Delmas. En 1978, M. Giscard d'Estaing s'est allié à M. Chaban-Delmas contre M. Chirac. De la même façon, en 1981, MM. Giscard d'Estaing et Barre faisaient face à M. Chirac. Aujourd'hui, MM. Giscard d'Estaing et Chirac font face ensemble à M. Barre.

d/ les fausses réconciliations achèvent de donner son caractère superficiel et délétère à la guerre des chefs. En juin 1985, au plus fort de la bisbille sur la « cohabitation », l'apparition de MM. Giscard d'Estaing, Chirac et Barre à la même tribune, lors de la Convention libérale, entoure d'une atmosphère louche et peu crédible l'ensemble des actions de la droite et garantit son incapacité à mener une politique loyale et cohérente après 1986.

Les socialistes ont bien vu le danger, et combien l'antagonisme courtois de MM. Mitterrand et

Rocard faisait triste figure devant la qualité du spectacle offert par la droite. N'ayant point deux personnages d'un rang suffisant à opposer à M. Mitterrand, ils ont répliqué avec courage en montant cette pittoresque guerre dite des sous-chefs, soit l'affrontement Jospin-Fabius. Là, quoique l'idéologie, hélas, s'en mêlât — comme trop souvent à gauche —, MM. Jospin et Fabius ont bataillé avec mérite en poussant leurs ambitions personnelles au premier rang.

MM. Jospin et Fabius n'en ont pas moins sacrifié aux autres rites de la guerre des chefs, jusque dans cette fausse réconciliation qu'ils jouèrent à la garden-party de Matignon et qui se résume en une phrase fameuse :

« Comment vas-tu ? — Ça va, ça va. »

On notera que M. Rocard, désolé de rester en arrière, les a rejoints dans la fausse réconciliation du congrès socialiste de Toulouse en octobre 1985 : « Avec toi Lionel ! avec toi, Michel ! »

On remarquera en outre que le conflit Jospin-Fabius confirme avec éclat la thèse du présent ouvrage : car pourquoi se battent-ils, ces deux brillants dirigeants politiques, si ce n'est pour savoir lequel d'entre eux aura le bonheur de conduire le Parti socialiste à la défaite de 1986, et donc de tirer les bénéfices, qui s'annoncent considérables, d'un si cuisant échec.

EXERCICE

Voici une liste de personnages. Certains se détestent entre eux. Reliez-les par un trait.

F. Mitterrand

Rocard — **Fabius**

Mauroy — **Delors**

Jospin — **Hernu**

Marchais — **Chevènement**

Krasucki — **Leroy**

Lecanuet — **Fiterman**

Edgar Faure — **M. Jobert**

M.F. Garaud — **Toubon**

Léotard — **Chaban-Delmas**

Barre — **Chirac**

Poniatovski — **Giscard**

Corrigé page suivante.

Corrigé :

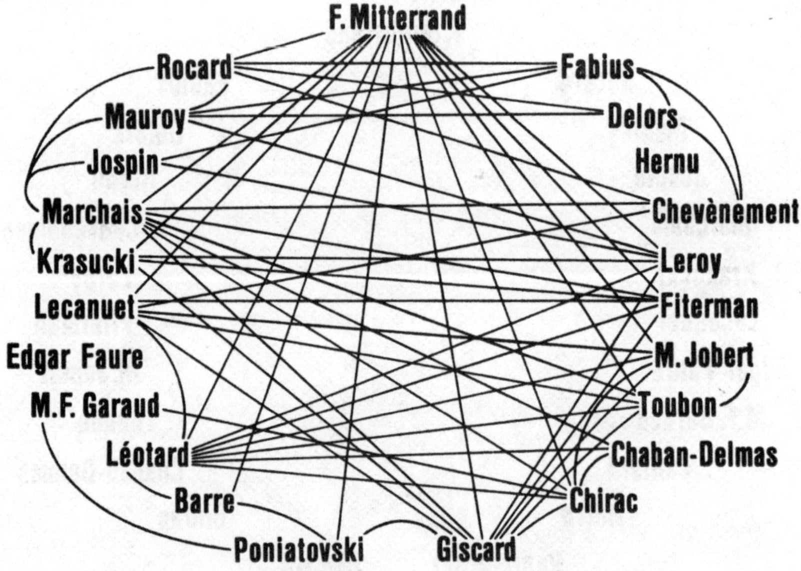

Remarquez l'étrange situation de MM. Edgar Faure et Hernu. Dites pourquoi.

DU MENSONGE

DU MENSONGE

I. *Comment être pris en flagrant délit de mensonge*

Il est difficile de mentir en politique. Il ne suffit pas comme dans la vie courante de proférer des contre-vérités qui seront par la suite identifiées comme telles par vos proches, vos compagnons de loisirs ou vos collègues de travail. Le citoyen oublie vite ce qui a été dit par les hommes politiques et quel en est l'auteur. Qui se souvient encore que le Parti socialiste était favorable au service militaire de six mois, que M. Mauroy avait annoncé que la France se proposait de produire 30 millions de tonnes de charbon, que son gouvernement ne tolérerait pas que le cap des deux millions de chômeurs soit franchi, et qu'il avait lui-même déclaré, le 16 février 1983 : « tous les indicateurs de la politique gouvernementale se remettent tranquillement au vert », un mois et cinq jours avant la troisième dévaluation du franc ?

Pour que le mensonge politique soit efficace il est nécessaire qu'il apparaisse très rapidement :

a/ que les affirmations de l'homme politique étaient fausses.

b/ que l'homme politique a sciemment essayé de tromper ses concitoyens.

En d'autres termes, il convient d'être pris en flagrant délit de mensonge.

La première technique consiste à tenir des propos si évidemment contraires à la vérité que le public comprend immédiatement qu'on est en train de lui mentir. En 1977, M. Jean-Paul Bachy, délégué aux entreprises du Parti socialiste, fit preuve d'un talent qui aurait mérité d'être mieux utilisé depuis mai 1981. Il avait, en effet, proposé un plan permettant de faire disparaître totalement le chômage en cinq ans. Il suffisait selon lui de développer la consommation populaire, de recruter massivement dans la fonction publique et de réduire le temps de travail. La manœuvre fut à ce point réussie qu'elle mit M. Mitterrand en porte à faux face à M. Barre dans un débat télévisé. Toutefois, le succès n'est pas garanti. La crédulité de l'opinion est considérable. Souvent, des mensonges qui paraissent invraisemblables sont quand même acceptés. Ainsi, de 1974 à 1980, il semble que l'opinion ait cru les nombreuses déclarations de MM. Chirac, Giscard d'Estaing ou Barre sur la fin prochaine de la crise et la sortie du tunnel.

Enfin, l'ampleur du mensonge ne doit pas être telle qu'il paraisse impossible que son ou ses auteurs puissent y croire. La proclamation de M. Marchais, « la défense des droits de l'homme, c'est nous », relève du flagrant délit de sottise plutôt que du mensonge éhonté. Elle peut assurément contribuer à la défaite mais il s'agit d'une autre figure stratégique.

Rien n'éclaire mieux la figure idéale d'un flagrant délit de mensonge que l'analyse concrète d'une opération réussie. L'annonce du second plan de rigueur au début de l'année 1983 relève, dût la modestie de ses auteurs en souffrir, du génie.

Tout commence le 31 janvier 1983, moins de deux mois avant les élections municipales. A la sortie de l'Élysée, M. Edmond Maire déclare que le gouvernement prépare un second plan de rigueur. La présidence de la République dément. Le Premier ministre s'étouffe : *« Il n'y a pas une politique pour avant les élections et une autre pour après. »* M. Michel Rocard, alors ministre du Plan, prend le relais du secrétaire général de la CFDT : dans *L'Expansion,* il déclare le 3 février qu'une baisse du pouvoir d'achat est prévisible et « qu'il faut prévenir les gens quand on sent venir une échéance difficile ». Dans la livraison suivante de *L'Unité,* hebdomadaire du Parti socialiste, M. Claude Estier dénonce la gauche « maso », celle qui avec MM. Rocard et Maire démobilise et démoralise le peuple de gauche.

Moins de deux mois plus tard, après avoir

perdu brillamment les élections municipales, le troisième gouvernement Mauroy dévalue une troisième fois le franc et met en place une politique de rigueur d'une ampleur inégalée.

De cette remarquable manœuvre, on peut tirer les enseignements suivants :

a/ pour construire un beau mensonge politique il vaut mieux être plusieurs. Certains disent la vérité, d'autres la cachent. L'opinion est ainsi préparée : il y a quelqu'un qui ment, pense le citoyen-électeur avant même d'avoir identifié le mensonge et le menteur.

b/ le temps qui sépare le mensonge de sa révélation doit être suffisamment court pour que l'opinion n'ait pas été mobilisée par un autre événement, et suffisamment long pour que s'installe une polémique et s'organise le suspense.

c/ il faut s'assurer le concours de comparses qui injurient ceux qui disent la vérité.

Quelques esprits chagrins pensent que l'opération du deuxième plan de rigueur aurait dû être conduite entièrement avant les élections municipales. Quelle erreur ! Lorsque l'on est sûr de perdre un scrutin, il n'est pas nécessaire de gaspiller ses munitions. Au contraire, la découverte du mensonge permet une relance de l'impopularité qui justifie rétrospectivement le choix des électeurs hostiles et sème le doute et la confusion parmi les électeurs favorables. Imaginez la figure déconfite de ces électeurs qui ont quand même voté pour les listes de gauche, parce qu'elles étaient de gauche, lorsqu'ils se trouvent confrontés au lendemain du scrutin à l'augmentation des impôts et à une baisse de leurs revenus.

Plus encore, le fait que des élections séparent l'énoncé du mensonge de sa découverte laisse supposer que le menteur a été motivé par l'électoralisme le plus bas — l'électeur ignore que l'homme politique veut perdre — et démontre la préméditation.

DU MENSONGE

II. *Faut-il honorer ses promesses ?*

Deux écoles s'affrontent sur la conduite à tenir en matière de promesses électorales. Les uns pensent qu'il ne faut pas tenir ses promesses afin de passer pour un menteur. Comme on l'a vu dans le chapitre précédent, la mémoire très incertaine de l'électeur et son information médiocre limitent l'efficacité de cette stratégie.

Pour d'autres, il convient d'appliquer scrupuleusement les programmes électoraux : ceux-ci contiennent tant de sottises que la politique qui s'en inspire conduira à une défaite assurée. Malheureusement, les effets secondaires peuvent être redoutables. L'homme politique qui maintient le cap contre vents et marées ne se construira pas une réputation d'intelligence ; mais il risque de passer pour un homme de conviction. Or l'opinion préfère souvent la rigueur morale à la sagacité.

Ici encore l'esprit de système est dangereux. Il

est des promesses qu'à l'évidence il convient d'oublier, d'autres qu'il convient de mettre en œuvre le plus tôt possible, d'autres enfin qu'il faut essayer de tenir dans une première étape pour les abandonner ensuite de façon spectaculaire.

1. *Les promesses qu'il faut oublier.* Entrent dans cette catégorie toutes les mesures dont l'effet positif est rapide et concret, qui sont bien identifiées par les électeurs et susceptibles d'être accueillies avec faveur par l'opinion publique. Ainsi M. François Mitterrand a-t-il bien fait d'enterrer la réforme de la taxe professionnelle, impôt qui touche l'ensemble des commerçants et qui est unanimement déconsidéré. Mais dans ce domaine M. Jacques Chirac a donné au président de la République une magistrale leçon de stratégie politique. C'est lui qui, comme Premier ministre, a créé cette taxe en 1975. Cela lui permet aujourd'hui de promettre la suppression de cet impôt « imbécile ». Il lui suffirait, s'il revenait aux affaires, d'abandonner cette promesse pour renforcer son impopularité.

2. *Les promesses qu'il faut mettre en œuvre le plus tôt possible.* Leur nombre est fatalement limité ; elles doivent donc être choisies avec un soin particulier. Il faut retenir celles qui ont le minimum d'impact positif et le maximum d'effets négatifs à moyen terme. Comme elles sont réalisées en début de mandat, elles empoisonnent ainsi de façon durable l'atmosphère politique, pèsent sur l'éco-

nomie du pays et nourrissent des polémiques nombreuses et récurrentes.

Les nationalisations réalisées par la gauche au début du septennat de M. Mitterrand constituent une bonne application de ce principe stratégique.

Les nationalisations n'ont pas eu d'influence directe sur la vie quotidienne des Français. Même pour les salariés de ces entreprises, les bénéfices restent limités. Avec beaucoup de sagesse, le gouvernement s'est bien gardé de donner au personnel des entreprises nationalisées le seul avantage qu'il attendait : la garantie de l'emploi.

En revanche les nationalisations coûtent cher : dans un premier temps pour indemniser les anciens actionnaires, dans un second temps pour doter les nouvelles entreprises publiques du capital nécessaire à leur développement. Ainsi le budget de l'État est-il hypothéqué pour de nombreuses années. Enfin les nationalisations placent le gouvernement en première ligne chaque fois qu'il est nécessaire de fermer une usine ou de licencier une partie des salariés.

Les gouvernements de droite partageaient avec les maîtres de forges la responsabilité de la crise de la sidérurgie. Aujourd'hui, grâce aux nationalisations, le gouvernement socialiste porte seul le chapeau. Au total, un investissement très rentable en terme d'impopularité.

3. *Les promesses qu'il faut essayer de tenir dans une première étape pour les abandonner ensuite de façon spectaculaire.* Doivent être classées dans cette catégorie les promesses qui relèvent d'un domaine particulièrement sensible pour l'opinion et qui correspondent à des enjeux symboliques importants. Il faut en outre que les militants y soient particulièrement attachés. La création d'un grand service public laïc et unifié de l'enseignement correspond à ce cas de figure.

On ne doit pas essayer de tenir trop rapidement ce genre de promesses. Le capital politique dont dispose toute équipe lorsqu'elle vient d'accéder au pouvoir suffirait à faire passer le projet. Après quelques glapissements de principe de l'opposition, chacun s'apercevrait qu'au fond « il n'y a pas de quoi fouetter un chat » et tout rentrerait dans l'ordre. Par exemple, les lois Auroux sur les droits des travailleurs dans l'entreprise ont provoqué une levée de boucliers lors de leur discussion au parlement. En revanche, leur application suscite de moins en moins d'hostilité. Une partie du patronat se félicite même d'une procédure qui permet de court-circuiter les négociations sociales par branche au profit des discussions dans l'entreprise.

En revanche, la loi sur le Grand Service Public Unifié et Laïc de l'Éducation Nationale (GSPULEN dans le jargon du camp laïc) a été élaborée suffisamment lentement pour que l'opposition se mobilise. Entre les premières consultations qui débutent le 25 janvier 1982 et le dépôt de la loi sur l'enseignement privé devant l'Assemblée nationale le 18 avril 1984, il s'écoule plus de deux ans. Ces longues négociations ont permis la mobilisation de chaque camp qui, depuis la fin de l'année 1983, multiplient les manifestations de rues. Le gouvernement propose un compromis subtil. Ni l'enseignement catholique ni le cartel des organisations laïques ne peuvent l'approuver. Mais le ministre redoute un ralliement tacite.

Conduite par M. André Laignel, l'aile la plus sectaire du Parti socialiste impose des amendements qui déséquilibrent l'édifice fragile de la loi. Le 24 juin 1984, la croisade de l'enseignement libre atteint Paris : on ira jusqu'à prétendre qu'un million de personnes ont manifesté pour la liberté et contre le gouvernement. Deux semaines après l'échec de la gauche aux élections européennes, cette énorme manifestation crée enfin les conditions d'une défaite politique, de celles qui cassent pour plusieurs années le moral d'une armée.

Car il est toujours bon de capituler devant le camp adverse lorsqu'on dispose de tous les leviers de commande : cela reste le meilleur moyen de signifier aux militants qu'ils s'étaient engagés dans un combat douteux. A l'humiliation de la défaite s'ajoute la suspicion jetée sur les mobiles du combat. La déroute du camp laïc en juillet 1984 s'apparente *mutatis mutandis* à celle d'une armée coloniale.

DU MENSONGE

III. *Ne jamais dire ce que l'on fait ; ne jamais faire ce que l'on dit*

Il existe deux techniques pour dissimuler son orientation politique. Elles doivent être distinguées avec soin. La première consiste à dire que l'on suit la même politique alors que l'on vient d'en changer. La seconde est d'assurer que l'on a changé de politique alors que l'on poursuit toujours la même.

La première technique, ou méthode Mauroy-Mitterrand, revient à engager une politique de relance par la consommation, de nationalisations et de déficit budgétaire, puis à pratiquer une politique d'austérité diamétralement opposée sans jamais le reconnaître publiquement. Ceux qui étaient favorables à la première politique — les hommes et les femmes qui ont cru au programme *Changer la vie,* puis au Programme commun, à la motion du Congrès de Metz et au *Projet socialiste* avant d'applaudir les coupeurs de têtes du congrès de Valence — ne sauraient, malgré leur profonde naïveté, être convaincus. Ils constatent jour après jour que le gouvernement a changé de cap.

En revanche, ceux qui sont favorables à la nouvelle politique ne peuvent y adhérer que de façon réticente. Comme le président de la République et le Premier ministre se refusent à avouer le changement d'orientation, les citoyens qui pourraient se rallier au nouveau cours manifestent une méfiance légitime : le changement n'est peut-être qu'une tactique imposée par les circonstances. Le jour venu le gouvernement risque de renouer avec la politique antérieure.

Dans ce travail destiné à décourager les ralliements, le chef de l'État et le Premier ministre peuvent être puissamment aidés par le premier secrétaire du parti majoritaire. M. Lionel Jospin a ainsi construit la subtile théorie de la « parenthèse » afin de neutraliser les effets positifs de la politique de rigueur. Celle-ci ne serait, dans le développement du projet socialiste, qu'une parenthèse imposée par le malheur des temps et les contraintes de la situation économique. Dès que les conditions seront redevenues normales, le Parti socialiste retournera à sa politique du début du septennat.

Les socialistes évitent ainsi d'être crédités de leur réalisme. S'ils ont enfin appris l'existence de lois économiques, ce n'est pas le produit de leur réflexion mais le résultat de la contrainte des faits.

Ils s'empresseront de les oublier à la première occasion.

La méthode Mauroy-Mitterrand améliorée Jospin présente des avantages considérables. Elle serait proche de la perfection si elle n'avait pas un inconvénient majeur : pour la mettre en œuvre, il est nécessaire d'abord de changer de politique.

Or cette opération n'est pas toujours possible. Elle est même franchement déconseillée lorsque la politique antérieure commence à devenir impopulaire. On ne saurait rompre avec une orientation politique avant d'avoir tiré tous les bénéfices de l'usure du pouvoir.

Il faut alors avoir recours à la seconde technique ou méthode Giscard. Elle consiste à dire que l'on a changé de politique alors que l'on continue la même. Persuadé comme M. Pompidou que les Français sont un peuple fondamentalement conservateur, M. Giscard d'Estaing oriente en 1974 toute sa campagne sur le thème du changement. Erreur stratégique majeure : le thème est au contraire très populaire et lui assure une courte victoire dans une confrontation où il aurait normalement dû être battu. C'est ici qu'il démontre son remarquable sens tactique. Il n'abandonne pas ce slogan qui pourtant l'a conduit au pouvoir ; au contraire, il persévère. Mais en même temps, il poursuit la même politique que ses prédécesseurs, peuple son gouvernement de gaullistes rassis et s'assure un franc succès auprès de la jeunesse en plaçant le général Bigeard aux armées.

Il crée ainsi les conditions d'une déception profonde qui poussera M. Mitterrand à la victoire en 1981.

EXERCICES

RÉBUS

I

Retrouvez cette déclaration de M. Fabius

Solution :

Entre le plan et le Marchais il y a le seau scie halle isthme.

Entre le plan et le marché, il y a le socialisme.

QUE LE MEILLEUR PERDE

II

Retrouvez cette autre déclaration de M. Fabius

Solution :

L'huis selle huis, mois sème oie.
Lui c'est lui, moi c'est moi.

III

Retrouvez cette phrase de M. Giscard d'Estaing

Solution :

Mont cieux mi-terre an voue navet pâle monopole du cœur.

Monsieur Mitterrand, vous n'avez pas le monopole du cœur.

IV

Lisez attentivement le texte suivant :

« Depuis un demi-siècle, la société française n'avait pas connu pareille situation. L'extension du chômage, la dégradation du pouvoir d'achat, l'envol des prix, le démantèlement des industries de base, les atteintes à la Sécurité sociale, la crise des services publics, les attaques multipliées contre les libertés, le malaise social généralisé, forment un tableau qui contraste avec (...) la fatuité des gouvernants.

« Depuis l'élection de ...., l'avenir est en panne. Production, investissement, recherche, natalité, tout stagne ou régresse. »

1. De quelle élection s'agit-il ?
2. Ce texte est extrait
   a/ d'un discours de M. Chirac.
   b/ du livre de M. Giscard d'Estaing *Deux Français sur trois.*
   c/ de l'éditorial de *L'Humanité* du 10 juillet 1985.
   d/ de l'éditorial de *Faits et Arguments,* janvier 1985, revue de M. Raymond Barre.
   e/ de *Ma part de vérité* de M. François Mitterrand.
   f/ du *Projet socialiste,* 1979.
   g/ de *Être révolutionnaire, aujourd'hui et demain,* d'Alain Krivine.
   h/ de *La Mémoire courte,* de Françoise Castro.

Corrigé :

1. Élection de M. Giscard d'Estaing en 1974.
2. *Le Projet socialiste, pour la France des années 80,* Club Socialiste du livre, 1979, p. 18.

DE LA POPULARITÉ

DE LA POPULARITÉ

I. *Pourquoi conserver les vieux croûtons*

Il n'est pas pire danger que le rajeunissement des appareils politiques. On ne peut y échapper : la vieillesse, la maladie, la mort, les suicides vrais ou supposés, les condamnations pour prévarication, la fatigue imposent un renouvellement du personnel dirigeant. Mais ce nécessaire remplacement des hommes, s'il est mené sans discernement, peut laisser supposer un renouvellement de la politique elle-même. Le pays pourrait être tenté de voter pour des hommes neufs s'il imagine, même à tort, qu'ils représentent des idées neuves. Or le vieillissement des chefs et de leurs arguments reste d'un puissant secours pour maintenir un parti loin du pouvoir. On en a fait l'expérience au début de la Ve République, où la gauche, en conservant ses dirigeants issus de la IVe République, sut demeurer à l'écart des affaires pendant plus de vingt ans.

Ainsi le Parti socialiste des années 80, malgré

M. Mitterrand lui-même, put-il sembler être un parti neuf. Ses chefs comprirent le péril et contre-attaquèrent judicieusement en maintenant M. Gaston Defferre au premier rang. Pas question de lui laisser quitter le gouvernement, pas question qu'il abandonne la tête de liste socialiste dans les Bouches-du-Rhône lors des prochaines élections.

La droite a senti le danger et montre chaque fois que possible MM. Messmer, Debré, Couve de Murville au RPR, d'Ornano, Poniatowski et surtout Lecanuet à l'UDF.

Inutile d'insister sur l'efficacité de cette méthode.

Malheureusement, *les hommes politiques usés sont rares précisément parce qu'ils sont usés.* Voilà pourquoi les socialistes, qui se sentent un peu démunis, se préparent à disputer M. Chaban-Delmas à la droite.

DE LA POPULARITÉ

II. *Faire le mariole*

La lutte contre le terrorisme est une entreprise délicate et de longue haleine. Rien n'oblige le gouvernement à publier rapidement des bulletins de victoire. Lorsqu'on vient de procéder à une arrestation, il est avisé d'attendre avant de la rendre publique, le temps d'apprécier le rôle et l'importance des personnes capturées. L'impact de la nouvelle n'est jamais amoindri parce que sa diffusion a été différée de quelques jours.

Pourtant, le samedi 28 août 1981, trois semaines après l'attentat de la rue des Rosiers, quelques heures après une opération de police, l'Élysée annonce que de dangereux terroristes irlandais viennent d'être arrêtés à Vincennes. L'affaire se dégonfle rapidement. Londres fait savoir que l'insignifiance des personnages arrêtés ne justifie par leur extradition. Huit mois plus tard, on apprend que l'arsenal découvert au cours de la perquisition a été déposé par les gendarmes chargés de l'enquête et que les procès-verbaux ont été maquillés. Au mois de mai 1983, les Irlandais de Vincennes sont purement et simplement libérés.

A l'automne 1985 l'affaire rebondit : la presse accuse le capitaine Barril, alors gendarme de confiance de l'Élysée, d'avoir directement trempé dans la falsification.

DE LA POPULARITÉ

III. *Faire le mariole* (suite)

Les municipalités qui construisent des salles de sport ou de spectacle savent d'expérience qu'il est très rare que les comptes d'exploitation en soient équilibrés. Elles sont en général discrètes sur le fonctionnement de ces complexes de loisir, justifient ces dépenses par des motifs de prestige et couvrent le déficit par les finances municipales.

Il n'en fut pas de même à Paris où M. Jacques Chirac, inaugurant le Palais omnisports de Paris-Bercy, annonça fièrement que cet équipement collectif, doté d'une machinerie complexe en mesure d'accueillir à la fois des manifestations sportives et de grands spectacles, équilibrerait aisément ses dépenses et ses recettes et ne coûterait rien au contribuable parisien.

Dix-huit mois plus tard, il apparaît qu'au lieu de cent trente séances de sport et soixante-dix spectacles, il n'a été possible d'organiser en une année complète que quatre-vingts séances de sport et cinquante spectacles culturels. La machinerie grince. Il faut, déclare l'un des responsables du Palais, « quarante-huit heures pour dégager le parterre de ses rangées de fauteuils. Les ponts roulants sont insuffisants, les trappes trop exiguës, les salles annexes dépourvues de sièges. La piste d'athlétisme compte trop de couloirs ».

Les transformations nécessaires provoqueront la fermeture du Palais pendant quatre mois et demi en 1986. Leur coût alourdira encore la facture de Bercy qui s'approche du milliard de francs.

Au début du mois d'août 1985, le maire de Paris fait discrètement voter les crédits nécessaires à ces modifications et à la couverture du déficit de 30 millions de francs accumulé pendant dix-huit mois de fonctionnement. Les Parisiens retrouveront la facture sur leurs feuilles d'impôt.

DE LA POPULARITÉ

IV. *Prétendre que l'on a une décoration alors qu'elle ne vous a pas été décernée*

Les décorations constituent dans une compétition électorale un redoutable handicap. Elles peuvent inciter des électeurs à voter pour le candidat qui les porte et conduire à une victoire non désirée. Le mieux est donc de cacher les décorations que l'on possède. Mais les candidats qui n'ont pas de décoration ou qui les dissimulent sont en nombre considérable. Cette attitude ne donne aucun avantage tactique : personne ne se rend compte que le candidat ne bénéficie d'aucune distinction honorifique.

La façon la plus efficace de faire remarquer que l'on ne possède pas une décoration est de prétendre à tort en avoir reçu une, et de l'indiquer clairement sur ses affiches. Il se trouvera toujours un membre de l'ordre considéré pour dénoncer l'imposture. C'est ainsi que Mme Françoise Giroud, secrétaire d'État à la Culture du gouvernement Barre, tête de liste centriste aux élections municipales de 1977, prétendit posséder la médaille de la Résistance. La vérité se fit jour rapidement : mise en demeure par ses concurrents gaullistes de produire le parchemin de sa décoration, Mme Françoise Giroud tergiversa avec habileté avant d'avouer qu'elle ne le possédait point, et renvoya à des registres officiels où il fut aisé de constater que son nom ne figurait pas. L'effet sur les électeurs fut efficace. Mme Giroud perdit les élections et, faisant d'une pierre deux coups, son ministère dans la même foulée.

DE LA POPULARITÉ

V. *Frapper les riches, exonérer les pauvres*

Il est un mythe tenace selon lequel les gouvernants qui augmentent les impôts des plus pauvres finissent par perdre les élections. Tous les contribuables estiment que les impôts directs qu'ils paient sont trop élevés. Réduire les prélèvements fiscaux d'une catégorie de la population aboutit, tout au plus, à la rendre silencieuse.

Ce n'est pas en majorant les impôts des pauvres que l'on donne l'impression que la pression fiscale s'accroît dans des proportions intolérables. D'abord parce que les pauvres sont les plus nombreux : cela divise par autant l'accroissement de l'impôt, et la somme payée par chaque individu n'est pas susceptible d'indigner réellement l'opinion. Ensuite parce que les pauvres, frappés à domicile — et non sur leurs lieux de travail où ils pourraient faire appel à leurs syndicats — n'ont guère la possibilité de protester avec vigueur. En revanche, dès que l'on frappe les riches, même modérément, ils donnent de la voix avec une véhémence qui avertit immédiatement l'ensemble de l'opinion publique. Il convient donc de faire payer les riches et d'exonérer les pauvres pour perdre les élections. C'est ce que comprit M. François Mitterrand qui ne cesse de perdre des voix parmi les smicards qu'il a pratiquement exemptés de l'impôt. Goguenard, il regarde Mme Thatcher gagner élection après élection pour avoir allégé la charge fiscale des riches et frappé plus durement les pauvres.

Le slogan « faire payer les riches » accompagne avec bonheur cette manœuvre politique. Chacun adhère à ce slogan jusqu'au jour où il se rend compte que le riche c'est lui. Au montant de la feuille d'impôt s'ajoute le sentiment d'avoir été trompé.

DE LA POPULARITÉ

VI. *Organiser de grandes fêtes à l'occasion de la réception de chefs d'État*

L'organisation de fêtes somptueuses à l'occasion de la réunion à Versailles des chefs d'État des grands pays industriels a été l'une des meilleures opérations « médiatiques » menées par M. François Mitterrand. Tout est remarquable. Le choix du lieu : dans un pays profondément républicain, un gouvernement de gauche ne peut donner une meilleure image de lui-même qu'en organisant une fête à Versailles, palais des rois et symbole de la réaction à la Commune de Paris. Le choix de la date ensuite : certes, le président de la République a été servi par la chance ; mais il sut la saisir au vol en maintenant ces somptueuses fêtes au moment où l'aviation israélienne bombardait Beyrouth et où débutait la guerre du Liban. La maigreur des résultats enfin : la conférence écouta poliment le rapport *Technologie, emploi et croissance* présenté par M. Mitterrand avant de s'aligner sur les thèses américaines en matière de commerce international.

Bien qu'elles ne mobilisent qu'une part infime du budget de l'État, de telles fêtes apparaissent comme un gaspillage éhonté, comme une injure à la misère du monde. Dans la dégradation de l'image d'un homme politique, il s'agit sans doute de l'un des meilleurs rapports qualité/prix. Lorsque de telles manifestations précèdent de quelques jours une dévaluation du franc, l'effet n'en est qu'amélioré.

DE LA POPULARITÉ

VII. *Multiplier les prestations télévisées*

Comme l'ont bien remarqué les spécialistes de la communication, la télévision est un média qui use. Dès qu'un président de la République ou un Premier ministre voit sa courbe de popularité baisser, il se précipite à la télévision. L'effet recherché est immédiat : le mouvement de chute s'amplifie. Il est au contraire très maladroit, comme le fait M. Michel Rocard, de se contenter de rares apparitions ; il maintient ainsi une popularité élevée.

La forme des interventions télévisées est très importante. Le discours solitaire présente bien des risques. Certes, l'homme politique sera entièrement crédité d'une prestation médiocre. Mais si, par malchance, l'émission est de bonne qualité, il devra seul en subir les conséquences. C'est pourquoi les hommes politiques préfèrent aujourd'hui dialoguer avec un ou plusieurs journalistes.

L'exercice reste difficile. Incapables de saisir

les intentions réelles de leurs interlocuteurs, beaucoup de journalistes jouent les utilités et se cantonnent dans un rôle de faire-valoir qui gêne la démonstration d'incompétence que veut donner l'homme politique interrogé. Heureusement, il existe quelques interviewers de grand talent. L'émission de M. François Mitterrand *Ça m'intéresse Monsieur le Président,* le 28 avril 1985, fut une parfaite réussite. Elle ne fit pas monter d'un pouce la popularité du chef de l'État. En revanche, toute la presse française titra le lendemain sur la qualité de la prestation d'Yves Mourousi.

Le dimanche 27 octobre 1985, l'inoubliable face-à-face télévisé de MM. Fabius et Chirac confirme avec éclat notre thèse. Le Premier ministre socialiste avait personnellement insisté pour que cette rencontre ait lieu malgré les lucides réticences de son interlocuteur ; il sut briser en un soir son image d'homme responsable et modéré. M. Fabius prononça à cette occasion les phrases fameuses qui le suivent désormais lors de ses interventions à l'Assemblée nationale : « Calmez-vous » en face d'un M. Chirac au tranquille sourire, « Ne regardez pas vos notes » face au même qui ne lisait rien, et le magnifique : « Je vous en prie, vous parlez au Premier ministre de la France », que l'on répète dans toutes les conversations de bistrot avec ce petit geste de mépris où l'on secoue avec négligence les cinq doigts de la main.

Objectif atteint : dans les sondages, M. Fabius baisse de 5 %, M. Chirac grimpe de 7. Et M. Mitterrand, qui voyait avec déplaisir sa cote personnelle remonter faiblement, perd 3 points. Il est exceptionnel qu'une émission télévisée ait pareil impact, et M. Fabius peut se féliciter d'une prestation aussi efficace.

DE LA POPULARITÉ

VIII. *Se brouiller avec la presse*

Il est si naturel et si simple de se brouiller avec la presse que tous les présidents et les gouvernements de la Ve République ont pratiqué cet exercice avec talent. Le caractère élémentaire de la démarche ne doit pas conduire à la mépriser ou à la négliger.

Pour mener cette stratégie avec toute la vigueur nécessaire, il faut se convaincre que la presse dans son ensemble est hostile au gouvernement, et nourrir une paranoïa à l'égard des journalistes. C'est ainsi que l'on se met à attaquer la presse avec la bonne conscience qui fait les grands politiques.

Ainsi le général de Gaulle et M. Pompidou se persuadèrent que la presse était acquise à l'opposition ; MM. Chirac et Giscard d'Estaing estimèrent que tous les journalistes possédaient leur carte du Parti socialiste ; MM. Mauroy et

Mitterrand pensèrent que tous les journaux appartenaient au groupe Hersant.

Cette préparation psychologique accomplie, l'attaque proprement dite peut commencer. La presse devient alors responsable de tous les échecs politiques du pouvoir, de toutes les crises internationales et de tous les problèmes de société. Il n'est pas jusqu'aux catastrophes naturelles qui ne relèveraient de son action maléfique. Naturellement, la presse se défend. Cela confirme son hostilité au pouvoir et justifie des attaques redoublées.

Dans une seconde étape, il convient d'intervenir directement dans les rédactions, d'indiquer aux journalistes ce qu'ils doivent écrire ou dire pour mériter la sollicitude du pouvoir. Ces manières sont particulièrement appréciées des journalistes ; qu'ils cèdent ou qu'ils résistent, ces derniers en garderont une rancune qui se manifestera opportunément le jour venu.

Le pouvoir politique réservera toute sa sévérité aux journaux qui le soutiennent. Dans une première étape, il doit considérer que ces journaux qui essaient bon an mal an de plaider sa cause lui sont en fait hostiles. Il peut ensuite faire racheter ces journaux par des amis politiques afin de mettre leurs rédactions au pas. C'est ainsi qu'en 1975 M. Jacques Chirac fit reprendre *Le Figaro* par M. Robert Hersant et que M. François Mitterrand fit acquérir dix ans plus tard *Le Matin* par un consortium de syndicats socialistes.

Cette opération présente de nombreux avantages :

a/ les journaux d'opposition trouvent une raison supplémentaire pour persévérer dans leur attitude. Ils évitent ainsi la menace du rachat. De même, les journaux neutres et hésitants sont vivement incités à basculer dans l'opposition.

b/ les journaux rachetés paraissent inféodés au pouvoir, ils perdent ainsi de nombreux lecteurs qui vont renforcer la presse d'opposition.

c/ les journalistes licenciés, qui bénéficient d'indemnités ruineuses, se répandent dans les rédactions pour dire tout le bien qu'ils pensent de ces opérations.

d/ les journalistes restés à leur poste, contraints d'effectuer sur ordre un travail qu'ils exécutaient autrefois volontairement, remplissent sans conviction une mission qu'ils accomplissaient avec zèle auparavant.

DE LA POPULARITÉ

IX. *Réveiller les intellectuels de gauche silencieux*

Il peut être utile pour un gouvernement de gauche de prendre ses distances vis-à-vis des intellectuels qui l'ont soutenu dans l'opposition. La manœuvre n'est pas très compliquée : quelques mesures de bon sens, un peu de réalisme en politique étrangère, l'extradition d'un ou deux terroristes pris en flagrant délit de crimes de sang suffisent. Malheureusement, dans une situation de ce type, les intellectuels de gauche se contentent de se taire. Après les avoir fait passer du soutien actif à la neutralité boudeuse, il convient de leur faire manifester une franche opposition.

L'un des meilleurs tacticiens du Parti socialiste, M. Max Gallo, sut trouver au mois de juillet 1983 une méthode imparable. Il se contenta d'écrire dans *Le Monde* une grande série d'articles déplorant le silence des intellectuels de gauche. Ceux-ci tombèrent immédiatement dans cette grossière provocation et se mirent à expliquer longuement pourquoi ils s'opposaient au gouvernement.

EXERCICES

I

Trouvez le verbe contraire qui rendra la phrase vraisemblable. Trouvez ensuite le complément qui convient au verbe donné.

1. Les socialistes { .... les élections / gagnent ....

Corrigé :

Les socialistes *perdent* les élections.
Les socialistes gagnent *une bonne culotte.*

2. Jacques Delors { ....le franc / réévalue ....

Corrigé :

Jacques Delors *dévalue* le franc.
Jacques Delors réévalue *la taxe sur l'essence.*

3. Le Parti socialiste { .... avec le capitalisme / compose avec le.............

Corrigé :

Le parti socialiste *rompt* avec le capitalisme.
Le parti socialiste compose avec le *socialisme.*

4. Le gouvernement socialiste { .... avec le capitalisme / rompt avec le ....

Corrigé :

Le gouvernement socialiste *compose* avec le capitalisme.
Le gouvernement socialiste rompt avec le *socialisme.*

II

Un homme politique vous traite de roquet. Vous répondez :

a/ « Allez vous faire foutre ! »
b/ « Monsieur, surveillez votre langage. »
c/ « Je vous en prie, vous parlez au Premier ministre de la France » (ou, selon votre titre, « au député du Cantal », ou « au président des Clubs Socialisme ou Réalité »).

Corrigé :

c/ bien évidemment.

III

Qui sont ces personnages ? Qui doit les rencontrer ? Où faut-il les rencontrer ?

Marchais	Brejnev	Varsovie
Giscard	Jaruzelski	Kaboul
Hernu	Karmal	Paris
Mitterrand	Turenge	Auckland

Joignez d'un trait les personnages qui doivent se rencontrer et où.

Corrigé page suivante :

Corrigé :

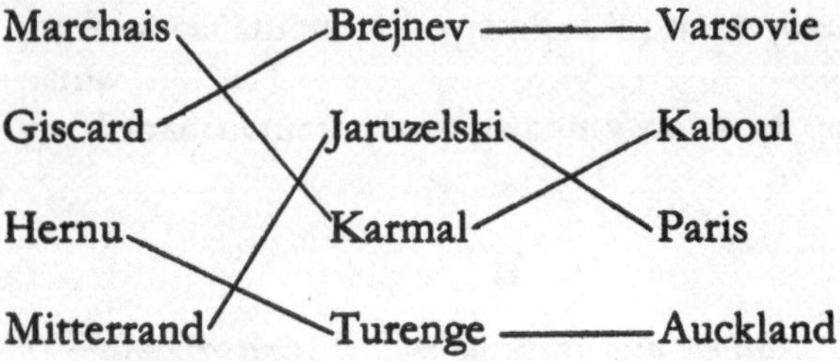

IV

La SOFRES vous apporte un sondage où vous gagnez dix points. Que faites-vous ?

- a/ vous sortez un projet de loi sur la nationalisation de l'enseignement privé.
- b/ vous multipliez par deux les tarifs des contraventions.
- c/ vous envoyez des inspecteurs perquisitionner chez les gens pour vous assurer qu'ils acquittent la redevance télé.
- d/ vous partez rencontrer le général Jaruzelski à Paris.
- e/ vous coulez le *Rainbow Warrior*.
- f/ vous laissez immédiatement tomber la politique française et vous vous offrez une dizaine de voyages officiels à l'étranger.
- g/ vous vous précipitez pour rencontrer M. Chirac lors d'un face à face télévisé.

Corrigé :

Toutes les réponses sont bonnes.

DE LA DÉBÂCLE

DE LA DÉBÂCLE

I. *Qu'elle est à la fois exceptionnelle et admirable*

Ce que le grand schelem est au bridge et au tennis, le capot à la belote, la débâcle électorale l'est à la stratégie politique. Il s'agit d'une figure rare, toujours mise en œuvre par des leaders de grand talent, et qu'il convient de distinguer soigneusement de ses contrefaçons.

Ainsi la débâcle ne se confond pas avec la défaite, qui constitue l'ordinaire de la joute politique. Même de grande amplitude, la défaite électorale ordinaire n'affecte que les marges. En 1968, l'échec de la gauche et de la droite d'opposition semble considérable. Or les socialistes et radicaux ne reculent que de 2,4 % par rapport à leur score de 1967, et le PCF de 2,5 %. Au total, l'ensemble de la gauche passe de 43,6 % à 41,1 % des suffrages exprimés : quelques centaines de milliers d'électeurs perdus qui seront vite récupérés cinq ans plus tard.

Il ne faut pas non plus confondre la débâcle

avec le reflux. En 1956 les candidats poujadistes obtiennent deux millions cinq cent mille voix sur les thèmes de la défense des petits commerçants et artisans, de la révolte anti-fiscale et de la xénophobie. Deux ans plus tard, ils ne recueillent que quelques centaines de milliers de suffrages. On ne saurait parler de débâcle à cette occasion, la vague se retire aussi brutalement qu'elle était apparue : la fièvre retombe après une éruption.

La débâcle authentique ne peut atteindre que des partis dont le capital est solide, patiemment accumulé par des générations d'élus et de militants. Elle consiste à ruiner en quelques années la force d'organisations robustes et reconnues. Il ne s'agit plus de perdre des électeurs — phénomène courant — mais de sacrifier ostensiblement des pans entiers de l'électorat.

Dans les vingt dernières années nous n'avons assisté que deux fois à cet exploit remarquable : en 1969, M. Gaston Defferre a ramené l'influence du courant socialiste à 5,01 %, soit environ au quart de ses performances habituelles ; entre 1979 et 1984, le Parti communiste, sous la conduite éclairée de M. Georges Marchais, dirigeant éminent du mouvement ouvrier international, a perdu la moitié de son électorat.

Encore convient-il d'introduire une dernière nuance. On ne saurait confondre *les débâcles sans lendemain* qui, comme celle de M. Defferre en 1969, s'effaceront en moins de quatre ans, avec *les débâcles qui annoncent un déclin historique,* comme l'implosion de l'électorat communiste en 1981 et 1984.

S'ils ne commettent pas d'erreur — or ils prouvent chaque jour la sûreté de leur jugement — M. Marchais et ses amis peuvent dans les années à venir transformer la déroute politique qu'ils organisent depuis plusieurs années en ce bien rare et précieux : la défaite définitive.

DE LA DÉBÂCLE

II. *Qu'elle doit être préparée de loin*

La débâcle électorale frappe l'imagination des observateurs par son caractère soudain. Il serait faux d'en déduire qu'elle est uniquement due à l'habile manœuvre d'un grand capitaine ou à l'intuition stratégique d'un chef audacieux. Pour réussir une débâcle définitive, il est nécessaire de l'avoir longuement préparée.

Première condition : maintenir une fidélité rigide à une doctrine inepte. Depuis 1956, le Parti communiste français, malgré les sollicitations de mauvais bergers, a maintenu contre vents et marées un corps doctrinal de plus en plus éloigné des faits, de la sensibilité des électeurs et souvent même du bon sens. Par exemple, le PCF réédite en 1961 une série de textes sur la paupérisation des travailleurs où Maurice Thorez démontre que « le travailleur parisien mange moins de viande que sous le Second Empire » et que le niveau de vie alimentaire de l'ouvrier anglais a baissé depuis le XVIIIe siècle.

Les candidats à la débâcle doivent d'autant plus marteler leurs théories que les faits les contredisent. Tant que le thème de la pauvreté ouvrière due à la grande crise de 1929 d'abord, à la guerre ensuite, reste vraisemblable, le Parti communiste parle peu de la paupérisation. A juste titre : il risquerait d'être crédible. En revanche, lorsque l'expansion économique commence à se traduire par une augmentation rapide et continue du niveau de vie, le thème de la paupérisation prend toute son efficacité victoricide.

De même, l'exaltation des vertus démocratiques de l'URSS et de ses satellites est d'autant plus salutaire que s'accumulent les témoignages sur la vie quotidienne, sur les internements dans les hôpitaux psychiatriques et sur le goulag.

En raison sans doute de la naïveté de son secrétaire général de l'époque, M. Waldeck Rochet, le Parti communiste commet en 1968 un dangereux pas de clerc : il condamne l'intervention soviétique en Tchécoslovaquie. M. Georges Marchais remet rapidement le Parti sur la bonne voie : celle qui va le conduire à cautionner la normalisation en Tchécoslovaquie, la mise au pas du syndicat *Solidarité* en Pologne, le coup d'État du général Jaruzelski.

Mais le chef-d'œuvre reste l'approbation de l'intervention soviétique en Afghanistan. Le choix du sujet : une intervention coloniale de type classique, où un corps expéditionnaire vole au secours d'un gouvernement fantoche, — en résumé un thème qui heurte profondément la sensibilité de gauche en France. Le choix de l'argumentation : l'exaltation de l'œuvre civilisatrice de l'Armée Rouge dans sa lutte contre un système féodal où se pratique encore le droit de cuissage. Le choix du lieu, enfin : M. Marchais approuve l'expédition soviétique en direct de Moscou, au cours du journal télévisé de la mi-journée, comme pour démontrer que l'accession des communistes français au pouvoir pourrait entraîner un alignement de la France sur la politique soviétique.

***

A première vue, la rigidité doctrinale peut produire des effets négatifs : l'électorat, conservateur par nature, se reconnaît aisément dans des thèmes idéologiques longuement répétés. La ferveur militante se trouve raffermie par la fidélité au dogme qu'affichent les dirigeants. En d'autres termes, une attitude intransigeante limite les pertes dans un premier temps. Mais à la longue cet investissement initial sera remboursé au centuple.

En effet, un fossé se creuse lentement entre les proclamations doctrinales et l'expérience quotidienne des électeurs. Lorsque ceux-ci en prendront conscience, leur désertion sera brutale et massive. De même, la rigueur doctrinale prépare la déception des militants qui se trouveront bien mal récompensés des efforts qu'ils ont déployés pour croire à des billevesées.

La fidélité au dogme n'implique pas un immobilisme complet. A répéter éternellement les mêmes formules, on court le risque de voir les citoyens cesser de les prendre au sérieux et estimer qu'il s'agit là d'une incantation sans importance. En 1981, comme nous l'avons vu, de nombreux électeurs de M. Mitterrand n'arrivaient pas à croire que les socialistes seraient assez bornés pour appliquer leur programme de nationalisations. Il fallut toute la fermeté du président de la République et du Premier ministre pour démontrer à ces électeurs néophytes que l'on pouvait tenir les promesses les plus folles — et les dégoûter définitivement de voter à gauche.

Il paraît donc nécessaire de procéder périodiquement à des « aggiornamento » afin de maintenir la crédibilité de la doctrine et du programme. Opération délicate : le remède est dangereux, on doit l'administrer à dose homéopathique. *Un aggiornamento réussi ne peut être que timide et trop tardif.*

En qualifiant de « globalement positif » le bilan du régime soviétique, M. Marchais a bien illustré ce propos. Dans les années 60, le dynamisme de la société soviétique est un thème qui fait recette bien au-delà de la sphère d'influence du Parti communiste. Formulée à cette époque, la théorie du bilan « globalement positif » aurait été crédible et donc politiquement très dangereuse. C'est pourquoi à l'époque les dirigeants avisés du PCF défendaient l'idée selon laquelle il n'y avait surtout pas lieu de procéder à un bilan, puisque tout était positif dans l'expérience soviétique.

Dans les années 1970-1975 au contraire, l'échec soviétique devient patent. La gérontocratie qui s'est imposée au Kremlin symbolise à la fois l'immobilisme politique, l'étouffement des libertés et l'échec économique. Lorsque tout apparaît clairement comme négatif, le thème du « bilan globalement positif » prend sa véritable efficacité :

a/ il désoriente le noyau dur des militants pour lequel l'infaillibilité de l'Union soviétique représente un dogme inaltérable.

b/ en faisant une demi-concession à la vérité — la partie négative du bilan — il légitime et authentifie les critiques radicales du régime communiste.

c/ en se voilant la face devant les tares les plus flagrantes du système, le PCF évite le risque d'être cru.

C'est ainsi qu'en septembre 1978 les éditions du Parti communiste firent paraître l'ouvrage *L'URSS et nous,* critique savamment balancée de la société et de l'État soviétiques. La publication de ce livre, qui cherchait à démontrer l'indépendance de jugement du PCF, eut pour excellente conséquence d'assurer le succès massif de *La Rue du Prolétaire Rouge,* témoignage au vitriol sur la vie quotidienne en URSS écrit par un couple de communistes en rupture de ban.

DE LA DÉBACLE

III. *Le bon usage des alliés*

Les alliés jouent un rôle essentiel dans la débâcle électorale : ce sont eux qui peuvent vous prendre le plus de voix. L'électeur français répugne à l'idée de transgresser la frontière qui sépare la droite de la gauche. Des traditions personnelles ou familiales, les normes du milieu de travail ou des compagnons de loisirs lient chaque citoyen à l'un des deux camps qui divisent l'esprit public. En revanche, les redistributions internes sont fréquentes : de la droite classique vers le gaullisme, entre le RPR et l'UDF, du radicalisme au socialisme, du socialisme au communisme et vice-versa.

Les alliés vous prennent des voix parce qu'ils sont proches et légitimes. Mais il convient d'être vigilant : qui peut prendre peut aussi donner. Jusqu'à la signature du Programme commun, le Parti communiste avait en général pâti de la tactique unitaire et régulièrement gagné des voix lorsqu'il s'était fourvoyé dans cette stratégie périlleuse. En 1936, l'accord de Front populaire entraîne le doublement des voix communistes qui passent à 15 % des suffrages exprimés. De même, les scrutins de la Libération se traduisent à nouveau par un progrès massif des communistes, qui représentent alors plus du quart de l'électorat. Rien d'étonnant dans ces conditions que le PCF ait cherché à mettre fin au plus tôt à des expériences aussi décevantes. En 1936 comme en 1945, l'unité de la gauche se brise au bout de deux ans.

La remarquable intelligence historique des dirigeants communistes est d'avoir compris qu'en 1972 il en irait autrement et que, loin d'élargir l'influence du Parti communiste, la stratégie unitaire allait la restreindre comme peau de chagrin.

En fait, l'opération avait été amorcée sept ans plus tôt. A l'automne 1965, le PCF soutient dès le premier tour la candidature de M. Mitterrand à l'élection présidentielle, et installe ainsi la légitimité du futur premier secrétaire du Parti socialiste à se présenter comme le leader incontesté de la gauche unie. La signature du Programme commun de gouvernement, réclamé avec insistance par le Parti communiste, puis la répétition de la candidature unique en 1974 établissent définitivement la vocation de M. Mitterrand à parler au nom de l'ensemble des partis de la gauche, communistes compris.

Il devient dès lors impossible au PCF d'instruire un procès en suspicion légitime contre son partenaire obligé. Il lui suffit de parer à un dernier danger : la dynamique globale qui à l'époque atteint l'ensemble de la gauche. Porté par une vague qu'il ne peut contrôler, le PS ne cesse d'engranger des voix. S'il n'y prend garde, le PCF risque d'être entraîné dans la même direction.

Les dirigeants communistes trouvent rapidement la parade : tantôt ils s'éloignent, tantôt ils se rapprochent du Parti socialiste « comme la volaille s'éloigne et se rapproche de la main qui vient la plumer ». Voilà pourquoi le Parti communiste alterne à partir de 1974 des phases de vives polémiques avec le Parti socialiste — qui lui permettent de se tenir à l'écart des gains de la gauche — et des périodes de rapprochement qui confirment la vocation unitaire de son partenaire et concurrent.

Pourtant il apparaît vite que ces habiles manœuvres ne seront pas suffisantes. En 1977, les observateurs les plus autorisés ne voient guère comment la gauche pourrait perdre les élections législatives de l'année suivante. Tous les sondages la donnent gagnante. Déjà aux municipales, elle a conquis soixante-deux villes de plus de trente mille habitants, parmi lesquelles Reims, Le Mans et Saint-Étienne. Il n'est pas jusqu'à La Roche-sur-Yon, au cœur du pays chouan, qui ne se soit donné un maire socialiste.

Le diagnostic est clair ; le remède évident. Les communistes n'hésitent pas : il faut faire perdre la gauche et apparaître clairement comme les responsables de la défaite. En septembre 1977, le PCF rompt les négociations sur l'actualisation du Programme commun et entame une longue polémique avec le Parti socialiste qui durera jusqu'en 1981.

Pour faire bonne mesure, le PCF ponctue ses accusations contre le Parti socialiste de brefs rapprochements qui paraissent clairement inspirés par une tactique à court terme. Le soir du premier tour des élections législatives de 1978, le PCF annonce qu'il appliquera la règle de la discipline républicaine et que les candidats communistes se désisteront en faveur des socialistes placés en tête par le suffrage universel. Mais la direction communiste prend soin d'entourer cette décision d'une mise en scène façon « coup de Prague ». Derrière M. Georges Marchais, qui lit la déclaration officielle, apparaît, sinistre et menaçant dans des costumes anthracite, le Bureau politique au grand complet.

Pendant la même période, les communistes émaillent leur discours de formules heureuses et engagent quelques actions efficaces. La célèbre phrase de M. Marchais : « Liliane, fais les valises, ils ne veulent plus de l'union », a été particulièrement bien accueillie par l'électorat féminin. Le 24 décembre 1980, une cinquantaine de fonctionnaires municipaux, en présence de M. Paul Mercieca, maire communiste de Vitry-sur-Seine, mettent à sac un foyer d'immigrés où viennent d'être transférés trois cents travailleurs maliens. Les escaliers d'accès au foyer sont détruits au bulldozer.

Le 2 février 1981, M. Robert Hue, maire communiste de Montigny-les-Cormeilles (Val-d'Oise) crée un « comité de vigilance anti-drogue ». Le 7, un tract de la Jeunesse communiste du Val-d'Oise accuse nommément une famille marocaine de trafic de stupéfiants. Cet élégant procédé est hautement revendiqué par le PCF et son secrétaire général. Le 20 février, M. Marchais apporte son soutien à M. Hue au cours d'une réunion électorale. La date est particulièrement bien choisie : la veille, la police a découvert des stupéfiants au domicile de la famille algérienne qui avait accusé la famille marocaine de trafic.

Malgré ces efforts méritoires, les communistes n'arriveront pas à compenser les fautes commises par les socialistes et à empêcher l'élection de M. Mitterrand à la présidence de la République en 1981. Mais ils l'emportent sur l'essentiel : au premier tour de l'élection présidentielle le 26 avril 1981, M. Georges Marchais, avec 15 %, est enfin parvenu à semer plus du quart des électeurs communistes.

DE LA DÉBÂCLE

IV. *Comment participer au gouvernement sans en tirer aucun bénéfice*

En mai 1981, la moitié du chemin est déjà parcouru. Il reste à gérer avec finesse la participation des communistes au gouvernement. Certes, le PCF aurait pu refuser de s'associer au nouveau gouvernement. Mais, après une brève période, les communistes auraient capitalisé l'immense déception que ne pouvait manquer de provoquer la gestion de MM. Mauroy et Mitterrand. En moins d'un an, ils auraient pu refaire le terrain perdu en 1981, et, pire, retrouver leur niveau d'influence de la IVe République.

Il fallait donc participer. Avec un nombre de ministres suffisant pour être considéré comme responsable de la politique gouvernementale ; mais assez réduit pour que l'influence sur cette politique soit négligeable. Quatre portefeuilles, cela représentait sans doute un compromis idéal. Ce nombre réduit évitait au PCF de se gonfler d'un flot d'arrivistes attirés par le pouvoir et ses prébendes, qui se déversa sur le seul Parti socialiste.

Une fois cette orientation fixée, il suffisait de revenir à la tactique qui avait si bien réussi avant l'échéance de 1981 : tantôt critiquer en approuvant, tantôt louer en désapprouvant. Le PCF applique ainsi le grand principe de la stratégie politique qui s'énonce comme suit : *perdre sur les deux tableaux*.

Les dirigeants communistes montrent tout leur savoir-faire lors de l'adoption du premier plan de rigueur en juin 1982. Ils pourraient quitter le gouvernement. Faute grave : ils seraient crédités des mesures démagogiques prises au début du septennat sans être associés aux décisions impopulaires qui en découlent. Ils restent donc, mais intensifient leurs critiques, ce qui leur vaut d'être accusés tour à tour de lâcheté et de mensonge.

De même, au lendemain des élections municipales de mars 1983, le second plan de rigueur leur ouvre à nouveau une porte de sortie. Attention, danger ! M. Pierre Mauroy décide une série de mesures économiques clairement inverses de celle de 1981, et il vient de se faire prendre en flagrant délit de mensonge grâce à sa phrase fameuse : « Il n'y a pas une politique pour avant les élections et une pour après » (cf. plus haut, *Du mensonge*, chapitre I). Dans ces conditions, il n'est plus question de faire démissionner les ministres communistes. En rompant avec M. Mauroy, le PCF semblerait marquer son attachement à la vérité, ce qui, il faut l'avouer, serait un comble pour des communistes. Les ministres restent, tout en exprimant avec véhémence leurs désaccords. Au nom de la CGT, M. Henri Krasucki se met à sonner le tocsin. Plus personne n'est en mesure de comprendre la ligne politique du PC.

Lors de la campagne pour les élections européennes, M. Marchais alterne les déclarations les plus contradictoires. Un jour, il dénonce l'action du gouvernement « qui tourne le dos aux engagements de 1981 ». Le lendemain, il affirme de façon tout à fait péremptoire que le bilan du gouvernement de la gauche unie l'emporte déjà sur celui du Front populaire ; qu'il s'agisse de la France ou de l'Union soviétique, les comptables de la place du Colonel-Fabien démontrent tout leur savoir-faire.

Le résultat tant mérité est au rendez-vous. Le 17 juin, avec 11,28 % des suffrages exprimés, le PCF devance à peine le Front national. Cinq ans plus tôt, au cours du même type de scrutin il avait obtenu 20,5 % des voix. En une législature européenne, l'électorat communiste aura été réduit de moitié.

Le but ayant été atteint, la participation au pouvoir ne s'impose plus. Au mois de juillet 1984, à l'occasion de la nomination de M. Laurent Fabius comme Premier ministre, les communistes quittent le gouvernement sans gloire et sans bruit.

DE LA DÉBÂCLE

V. *Vers un PC à un chiffre*

Comme le professe le bon sens populaire, plus on a perdu, plus il est difficile de perdre. Pourtant les dirigeants du PCF n'ont pas jeté le manche après la cognée. Ils ne renonceront pas avant d'avoir atteint leur objectif secret : rabaisser l'électorat communiste à un pourcentage qui se mesurerait par un seul chiffre, soit pas plus de 9 %. Pour y parvenir, inlassablement, ils s'attaquent aux organisations qui ont assuré leur puissance — et donc leurs malheurs passés —, de même qu'ils traquent les rares aspects positifs de leur image publique.

Sur cette voie, l'existence de la CGT constitue un obstacle majeur. Tant que son syndicat restera la première centrale ouvrière de France, le PCF sera toujours menacé d'une renaissance. Casser la CGT : telle est la politique que formule le Comité central du PCF des 20 et 21 mai 1985.

Comme dans toutes les armées disciplinées,

l'exécution suit immédiatement la décision. Le 5 juin 1985, au petit matin, des commandos du Parti communiste appuyés par les motopompes de la municipalité d'Ivry prennent d'assaut l'usine SKF, investie quelques jours plus tôt par la police à la suite d'une décision de justice. Les combats sont d'une violence extrême. Parmi les forces de l'ordre, le nombre des blessés est sensiblement supérieur à celui que l'on recensera chez les manifestants.

Pour bien dissocier cette opération purement politique de l'action légitime de travailleurs privés de leur emploi, la composition des commandos a été soigneusement étudiée. Comme le montre la statistique des interpellations, il s'agit d'employés municipaux d'Ivry et des municipalités communistes environnantes. L'exécution cependant ne fut pas à la hauteur de la conception : comme ils ne disposaient pas d'un nombre suffisant d'employés municipaux, les organisateurs acceptèrent de recruter un ancien ouvrier de SKF. Par malheur, le maladroit se fit prendre et fut longuement montré à la télévision. Ce fut le seul raté de cette méritoire opération.

Pendant l'été 1985, sous la pression du Parti communiste, la CGT multiplie les actions aussi spectaculaires qu'inefficaces, qui la coupent progressivement de sa base. Les fruits de cette politique se récoltent dès l'automne ; à la Régie Renault, forteresse ouvrière et symbole de la puissance de la CGT, la grève lancée à la mi-octobre s'éteint naturellement sans qu'il soit nécessaire de faire intervenir les forces de l'ordre. L'occupation des usines est décidée par une série de votes truqués et manipulés sous les yeux mêmes des journalistes et des représentants de la direction, ce qui discrédite leurs auteurs. Ne laissant rien au hasard, la CGT démontre par avance que ses mots d'ordre sont minoritaires.

***

De la même façon, le PCF achève la dégradation de son image de marque. Le processus était déjà largement entamé : une solidarité affirmée avec les régimes de l'Est a définitivement établi l'idée que le Parti communiste est hostile aux règles élémentaires de la démocratie. Les nombreux départs et exclusions de militants, d'intellectuels et de cadres montrent que, dans son fonctionnement interne, le PCF n'a rien à envier à ses grands frères russe, polonais ou tchécoslovaque.

Il reste cependant une image forte : le rôle du Parti communiste dans la Résistance et la conduite héroïque de nombre de ses partisans. Dans un premier temps, les communistes ont essayé de casser le symbole en portant à leur tête M. Georges Marchais, parti volontairement en Allemagne pendant la dernière guerre pour fabriquer les avions Messerschmitt qui bombarderont

Stalingrad. L'opération, malheureusement, fit long feu (voir plus loin, *Du scandale,* chapitre IV).

En 1983, un réalisateur de télévision tourne un film sur l'épopée du groupe Manouchian. Au cours de cette émission consacrée pour l'essentiel à l'action des résistants communistes étrangers, deux historiens mettent brièvement en cause le rôle du Parti communiste dans la chute du groupe. L'émission est programmée pour février 1984. Si le Parti communiste s'était tu, le film aurait obtenu un succès d'estime, et nul n'aurait remarqué que l'on y critiquait l'attitude de sa direction pendant la guerre.

C'est pourquoi le PCF demande et obtient l'annulation de la diffusion. Un coup pour rien : la presse ne remarque ni ne signale cet acte de censure. Instruit par l'expérience, le PCF fait monter les enchères lorsque l'émission est à nouveau programmée pour le 2 juin 1985. Il engage une campagne publique pour empêcher la diffusion. Dans un premier temps, il obtient gain de cause avec le concours de la Haute Autorité de l'Audiovisuel et de « l'establishment » de la Résistance. Il donne ainsi naissance à l'affaire Manouchian qui rebondit dans la presse et à la télévision pendant plus d'un mois.

Lorsque le film est enfin programmé le 2 juillet 1985, le PCF peut se féliciter d'avoir atteint tous ses objectifs :

a/ il apparaît clairement comme le parti de la censure et confirme ainsi son affinité profonde avec les pratiques des régimes de l'Est.

b/ il a donné un maximum de publicité à un film, qui, malgré ses remarquables qualités, n'aurait pu atteindre un aussi vaste public sans l'aide constante de ses militants et de sa presse.

c/ il a imposé l'interprétation la plus anticommuniste d'une œuvre dont les thèses étaient au départ beaucoup plus nuancées.

En bref, si le Parti communiste n'est pas arrivé à convaincre les Français qu'il a livré ses propres militants à la Gestapo — on ne saurait mener à bien pareille entreprise en quelques mois — du moins a-t-il éveillé en cette matière un large soupçon.

EXERCICES

I.

Vous devez nommer un nouveau secrétaire général au Parti communiste français. Vous avez le choix entre :

a/ un clown,
b/ un ancien résistant,
c/ un agent du KGB,
d/ un syndicaliste,
e/ un ancien ouvrier de Messerschmitt pendant la guerre.

Lequel choisissez-vous ?

Corrigé :

a/ et c/.

II.

Vous perdez la moitié de vos voix. La contestation se met dans votre parti. Comment réagissez-vous ?

a/ Vous faites prendre d'assaut l'usine SKF par les employés municipaux d'Ivry.

b/ Vous organisez un vote truqué chez Renault

pour déclencher une grève que vous arrêtez sans résultat au bout de huit jours.

c/ Vous contraignez la CGT à une journée d'action afin qu'elle démontre sa faiblesse.

d/ Vous laissez publier le compte rendu de vos conversations téléphoniques avec Leonid Brej-nev.

Corrigé :

Toutes les réponses sont bonnes.

DU SCANDALE

DU SCANDALE

I. *Qu'il est indispensable*

Même catastrophique, une gestion au jour le jour ne saurait garantir à elle seule l'échec d'un gouvernement. Les décisions les plus fâcheuses n'apportent que rarement un résultat visible et immédiat. Les investissements à contre-courant, les négligences les mieux calculées mettront des mois, et souvent des années, avant de dégrader durablement la capacité de production d'un pays et le niveau de vie de ses habitants.

Voilà pourquoi les gouvernants cherchent périodiquement à ternir leur réputation par quelque action d'éclat. Comme le public les crédite à juste titre d'une certaine abnégation, ils doivent s'arracher à leur nature et se composer des personnages tout empreints de malveillance, de fourberie et de cynisme, en montant une intrigue qui puisse démontrer à la fois la nocivité de certains ministres et la carence des autres.

Ce moment privilégié de la course à la défaite,

ce drame qui requiert autant de talent dans sa conception que dans son exécution porte le beau nom de scandale.

L'histoire contemporaine est particulièrement riche en cette matière. Le scandale trouve sa source dans une « affaire », et nous n'en manquons pas : affaire de Broglie, affaire Boulin, affaire des diamants, plus loin de nous affaire Ben Barka, à l'étranger affaire du Watergate et bien sûr, de nos jours, l'affaire Greenpeace.

Il ne faut pourtant pas se faire d'illusions : rien n'est plus malaisé que de lancer et réussir un bon scandale. La vie de nos gouvernants se réduit souvent à une longue et lamentable suite de scandales avortés, petites affaires qui ont capoté dès l'origine ou se sont éteintes prématurément. Souvenez-vous : un trafic de tuiles et d'abattements fiscaux sur le château de M. Chirac n'a valu que trop brièvement à son auteur l'intéressant surnom de Château-Chirac. Un achat de terrain avec passe-droit n'a en aucune manière affecté la carrière de M. Barre. Et même l'assassinat d'un ministre intègre tel M. Fontanet s'est perdu dans le mystère le plus complet...

Le scénario de l'affaire Greenpeace en revanche fut si admirablement monté, dans ses prémisses comme dans ses impeccables rebondissements, qu'il nous semble indispensable de le prendre pour modèle lors des développements qui vont suivre.

DU SCANDALE

II. *Pourquoi couler le Rainbow Warrior le 10 juillet 1985*

Comme pour un roman à succès ou une série télévisée de grande audience, la recette d'un bon scandale requiert l'usage d'un certain nombre d'ingrédients. Aucun n'a fait défaut à l'histoire qui commence le 10 juillet 1985 par un attentat contre le navire écologiste *Rainbow Warrior,* coulé dans un port de Nouvelle-Zélande.

Tout d'abord, le choix de la date. Il est conseillé de faire éclater un scandale avant les élections. Ni trop tôt : l'électeur en aurait oublié les péripéties et la responsabilité des principaux coupables avant de voter. Ni trop tard : le scandale risque de n'avoir pas atteint toute son ampleur au moment du scrutin.

A cet égard, le choix du 10 juillet pour l'intervention des nageurs de combat contre le navire de Greenpeace paraît des plus pertinents. En frappant environ huit mois avant les élections législatives, nos dirigeants s'assuraient que l'affaire, prenant son envol au cours de l'été, connaîtrait des rebondissements majeurs à l'automne, et pourrait se raviver une nouvelle fois lors d'un procès que la Nouvelle-Zélande ne pouvait manquer d'intenter à nos agents dans le courant de novembre. En gros, de quoi affecter durablement les premiers mois de la campagne électorale.

Si l'on réfléchit à la situation dans laquelle se trouve le gouvernement au printemps 1985, il faut avouer qu'il était temps. Malgré toutes les mesures prises pour encourager le chômage et exaspérer les citoyens par une politique de rigueur de longue durée, la maîtrise de la conjoncture était en train d'échapper à nos dirigeants. Considérez les indices de juin dernier et mettez-vous à la place du Premier ministre : hausse des prix, 0,4 %. On est près, bien trop près, de l'objectif proclamé pour l'année — 4,5 % —, objectif pourtant fixé si ridiculement bas qu'il n'avait en apparence aucune chance d'être tenu ni même approché. Ces craintes seront confirmées, et au-delà, par les indices d'août et de septembre qui manifesteront une hausse des prix quasi nulle : 0,1 %. On n'avait pas vu de résultats aussi navrants depuis des décennies. Sans parler d'un invraisemblable excédent du commerce extérieur et de la balance des paiements courants, et même d'un léger recul du chômage, toutes choses capables de réduire à néant quatre ans de coûteux efforts.

Seul un vigoureux scandale pouvait masquer

ces mauvais chiffres et alourdir un bilan en train de s'alléger dramatiquement.

La date du 10 juillet, et donc la flambée de l'affaire en août-septembre, s'est avérée d'autant plus opportune que l'attention du public ne se trouvait mobilisée par aucun autre événement. Pas de crise internationale en vue, pas de crime crapuleux. L'histoire du petit Grégory, qui passionnait jusque-là les foules, marquait une pause très nette, et la famille de Monaco elle-même avait renoncé pour quelques mois à attirer l'attention de journalistes dès lors désœuvrés.

Bref, le gouvernement avait pris toutes les dispositions nécessaires pour que son remarquable scénario ait le maximum d'impact.

Il faut l'en louer, mais sans oublier qu'il a bénéficié de circonstances favorables. On connaît des scandales qui ont mis fort longtemps avant d'exploser, quels que soient les soins apportés par leurs auteurs. L'affaire Ben Barka, par exemple, enclenchée un peu plus d'un mois avant l'élection présidentielle de 1965, n'a eu aucune retombée électorale : elle n'a réellement pris son essor qu'un an plus tard. L'affaire du Watergate a couvé pendant des années avant de réussir avec le succès que l'on connaît.

On peut même citer des scandales si tardifs dans leurs effets qu'ils en ont perdu toute utilité. Tel est le cas des « avions renifleurs », mélange habile de malversations et de sottise qui eût dû éclabousser à la fois MM. Giscard d'Estaing, Chirac et Barre alors au pouvoir. Il n'en a rien été car la mise à feu, mal calculée, n'a provoqué les révélations qu'après la défaite électorale de ces trois hommes. Heureusement, M. Giscard d'Estaing avait en même temps monté l'affaire des diamants, qui a éclaté, elle, au bon moment, c'est-à-dire dans une année précédant une échéance électorale décisive.

Cela signifie qu'un gouvernement prévoyant doit toujours avoir deux ou trois scandales en réserve, et pouvoir jouer de l'un lorsque l'autre — pour des raisons incontrôlables — vient à lui faire défaut.

DU SCANDALE

III. *Pourquoi s'attaquer à Greenpeace*

Une fois choisie la date, il reste à déterminer le sujet du scandale. Cela suppose derechef beaucoup de réflexion et de doigté. Chaque peuple a ses habitudes en matière d'indignation, et l'on ne peut transposer mécaniquement l'expérience des pays étrangers.

Les micros de Watergate bien exploités ont fait tomber un président des États-Unis. En France, les micros posés au *Canard enchaîné* n'ont même pas ébranlé la position de M. Raymond Marcellin, ministre de l'Intérieur commanditaire de l'opération.

Prenons un exemple précis et particulièrement démonstratif : le comportement d'un ministre vis-à-vis de sa secrétaire. Si vous êtes un ministre anglais, il vous suffit de la mettre enceinte : vous sauterez illico. Si vous êtes un ministre allemand, engagez une secrétaire manipulée par les services d'espionnage de l'Est — vous n'avez d'ailleurs que l'embarras du choix — et vous vous exposerez à de graves ennuis. Si vous êtes une personnalité américaine, ayez un accident de voiture où votre secrétaire laissera la vie, et vous vous éviterez pendant de longues années le risque d'être désigné comme candidat à la présidence des États-Unis, même si vous vous nommez Kennedy (Edward). En France, hélas, vous pouvez pousser l'audace jusqu'à épouser votre secrétaire, il ne se passera rien du tout. Pays démocratique et polisson, la France ferme par avance les yeux sur les tendres rapports qui unissent un vieux ministre chauve à sa jolie collaboratrice, et les citoyens ne trouvent là qu'un motif d'attendrissement, comme le prouvent d'ailleurs quelques films charmants consacrés à ce sujet.

Blasés par l'expérience, de Panama à Stavisky, du trafic des piastres à la Garantie foncière, nous avons également perdu tout intérêt pour les scandales financiers : une affaire ne remue le public que dans la mesure où elle le surprend, et il n'y a chez nous rien d'étonnant à ce qu'un responsable politique malhonnête se livre à des tripotages malhonnêtes.

***

Certains diront que le sujet du scandale importe peu, et que tout est dans la manière de le traiter. Ils n'ont pas entièrement tort. Il y eut en effet dans notre histoire récente des scandales qui ne reposaient sur *rien*, et qui cependant, par le seul talent des acteurs, ont connu d'amples développements. C'est le cas de l'affaire dite « de la feuille d'impôt » de M. Chaban-Delmas.

M. Chaban-Delmas, à l'époque Premier ministre, ne payait pas d'impôt sur le revenu. Situation parfaitement normale puisqu'il s'en était acquitté auparavant par le biais des sociétés dont il possédait des actions, et que le droit interdit que l'on soit imposé deux fois de suite sur la même somme : c'est le principe de l'avoir fiscal. En outre, les indemnités que M. Chaban-Delmas avait perçues les années précédentes comme président de l'Assemblée nationale, et dont il vivait, n'étaient pas imposables.

Mais ce zéro en bas de la feuille d'impôt d'un Premier ministre, ce zéro habilement présenté dans les journaux, souligné d'un trait rageur, ce zéro montré à la télévision aux meilleures heures d'écoute, était un zéro terrible : il apparut comme une injure à la face du peuple laborieux et permit à M. Chaban-Delmas d'abandonner ses fonctions à l'hôtel Matignon dans un parfum de réprobation universelle.

Reconnaissons toutefois qu'il faut une sacrée confiance en soi pour mener son affaire en partant d'un délit imaginaire, et qu'un scandale fondé sur le néant peut s'effondrer à chaque instant, puisqu'il reste à la merci d'un article de journal qui, par malveillance, rétablirait la vérité.

Dans l'affaire du *Rainbow Warrior*, les socialistes ont bien fait de ne pas s'en remettre à un principe aussi aléatoire. Ils ont eu recours à la méthode inverse, en choisissant un sujet qui offrait toutes les garanties de sérieux. Ils ont même su renouveler complètement le genre sans renoncer à tirer profit de vieilles méthodes éprouvées.

C'est ainsi qu'ils ont décidé :

a/ *de s'en prendre à une organisation pacifiste*

Il est toujours bon pour des socialistes qui se réclament de la tradition de Jaurès — et donc du pacifisme — de tremper dans un attentat contre une organisation qui lutte pour le désarmement. Tout en révoltant la conscience des grandes masses, un scandale doit désarmer vos propres partisans, ici les militants du PS, c'est-à-dire les hommes et les femmes qui en gros se révèlent être les plus proches des idées écologistes. Plus encore, lorsqu'ils s'affirment comme de fermes adeptes de la force de frappe, les dirigeants socialistes soulignent leur opportunisme : ils ont été longtemps les adversaires déclarés de cette même force de frappe quand ils étaient dans l'opposition. Il faut donc les féliciter pour cette idée originale, grâce à laquelle ils ont ébranlé les bases mêmes de leur crédibilité.

b/ *d'utiliser pour ce faire les services secrets*

Il était grand temps de ne pas laisser au gaullisme le monopole du recours aux barbouzes, taupes et autres espions. Et puisque le Premier ministre, M. Fabius, venait d'expliquer qu'avant tout une haute conception de la morale traçait une ligne de partage entre la gauche et la droite, il convenait qu'une action louche vienne dévoiler l'hypocrisie de ces propos.

Enfin, il va de soi que les services secrets, leur étrange vocabulaire et les pseudonymes de leurs agents apportent dans une affaire un inimitable fumet de mystère, propre à passionner l'opinion publique.

c/ *de mettre en cause l'armée...*

Par chance, depuis l'affaire Ben Barka, les services secrets sont rattachés au ministère de la Défense. Les scandales auxquels on les mêle attentent donc directement au moral de l'armée. Les socialistes étant par tradition soupçonnés de vouloir affaiblir l'institution militaire, il est toujours bon pour eux d'indisposer les généraux. Et chacun sait qu'en France une vive suceptibilité nationaliste se manifeste dès que l'on touche à l'honneur de nos soldats.

d/ *... sans dégager la responsabilité de la présidence de la République et du Premier ministre*

D'heureuses dispositions veulent en effet que les crédits affectés à ce genre d'opération ne soient disponibles qu'après la signature du chef d'état-major particulier du président de la République et un contrôle exercé par un membre du cabinet du Premier ministre. L'argent ainsi débloqué provient des fonds secrets de Matignon. L'usage des fonds secrets — dont on oublie trop souvent l'existence — est toujours conseillé.

e/ *d'ébranler le prestige de la France à l'étranger*

La plupart des scandales ont l'inconvénient de se réduire à de pures péripéties intérieures qui laissent de glace la presse et les dirigeants des pays étrangers. Les Français sont ainsi incapables de suivre et même de comprendre les récentes affaires qui ont secoué la Grande-Bretagne ou la République fédérale.

En coulant un bateau anglais dans le port d'Auckland, le gouvernement français a su internationaliser son problème et s'attirer la réprobation bruyante de la Nouvelle-Zélande et de l'Australie, traditionnellement hostiles à notre force de frappe. Mais il s'est également signalé à l'attention de l'ensemble de la presse anglo-saxonne, la plus impitoyable. Il a ravivé les sentiments anti-français de la Grande-Bretagne et de l'Europe du Nord, où les journaux et les télévisions se sont déchaînés contre notre pays, comparant l'arrogance de M. François Mitterrand à celle de Napoléon Ier et de Louis XIV, individus dont la réputation mondiale demeure, à notre grande surprise, exécrable.

Un gouvernement qui permet que l'on blesse ainsi notre orgueil national ne peut manquer d'en ressentir les conséquences, ce qui était à n'en pas douter son principal objectif.

DU SCANDALE

IV. *Comment faire rebondir une affaire*

Le bon déroulement d'un scandale exige un soin constant. Combien en a-t-on observé, de ces affaires qui avaient tout pour réussir et qui se sont lamentablement embourbées en cours de route. Songez à l'affaire Boulin. Un ministre d'excellente réputation se suicide dans des circonstances bizarres. Son entourage s'interroge, la presse a des doutes : ça commence bien. Et si le ministre ne s'était pas suicidé, s'il avait été assassiné ? L'affaire décolle. On parle de dossiers disparus, d'anomalies dans sa correspondance, de haines inexpiables qu'il se serait attirées au sein du gouvernement. Les journaux, le public sont en éveil, ils attendent la suite. Et la suite ne vient pas. Mauvais roman : un cadavre dès le début, aucune certitude sur l'assassinat, nulle révélation, pas de coupable en vue, l'histoire piétine, les journalistes se répètent, puis se lassent. Les lecteurs aussi. Faute de rebondissements, l'affaire Boulin s'enlise et M. Giscard d'Estaing ne peut compter sur elle pour accroître la mauvaise réputation de son gouvernement.

Le scandale de la présence de M. Georges Marchais en Allemagne nazie comme travailleur volontaire n'a guère remporté plus de succès. Après plusieurs révélations trop étalées dans le temps pour se ramasser en un scénario construit, *L'Express* publie en mars 1980 de nouvelles informations. C'était précis et très gênant : les archives de la ville d'Augsbourg prouvaient que M. Marchais, parti de son propre chef en Allemagne, avait menti sur les dates et les conditions de son travail chez Messerschmitt. M. Marchais, avec beaucoup de naturel, s'étouffe de rage. Là aussi on attend la suite. Et là aussi la suite ne vient pas : M. Marchais dément sans convaincre, *L'Express* confirme sans rien ajouter. Le scandale dure une semaine et s'éteint : tout était dit, plus de suspense. Une affaire dont on vous livre l'ensemble en un seul article de journal, sans mystère, cela ne mène pas loin. Pour fabriquer un bon scandale, il faut savoir distiller la vérité et le mensonge pendant des semaines, voire des mois, avec des moments forts, des pauses, des relances, des retournements. Cela, les socialistes l'ont compris et mis en scène avec brio lors de l'affaire Greenpeace.

Admirez l'étourdissante composition de leur intrigue.

a/ *une action de départ simple et tragique*

Le *Rainbow Warrior* saute dans le port d'Auckland ; un photographe est tué. Sur le coup, personne n'en sait davantage, mais l'événement ne peut passer inaperçu et une simple réflexion de bon sens conduit à soupçonner aussitôt les services français.

Très habilement, le gouvernement de M. Fabius, l'Élysée et le ministre de la Défense M. Hernu font mine de n'être au courant de rien. Mais ils poussent Mme Huguette Bouchardeau, ministre de l'Environnement, à exprimer dans un télégramme « toute sa sympathie à l'équipage du *Rainbow Warrior* ».

b/ *un suspense habilement entretenu*

La police néo-zélandaise arrête deux suspects qui voyageaient avec de faux passeports suisses, le fameux couple Turenge. S'agit-il d'agents français ? Faut-il accuser la DGSE, l'ancien SDECE réorganisé par les socialistes ? Les Néo-Zélandais l'affirment, le public s'en doute, mais notre gouvernement persiste à prendre des airs innocents. Les indices s'accumulent : on retrouve non loin du lieu de l'attentat des bouteilles de plongée françaises, un canot Zodiac... On signale la disparition d'un bateau fantôme, l'*Ouvéa,* qui serait venu à Auckland depuis la Nouvelle-Calédonie.

Ah, ah, ricane-t-on dans les allées du pouvoir,

comment croire que des agents français seraient si maladroits ? Cet argument, d'autant plus convaincant qu'il est plus paradoxal, porte au-delà de toute espérance. La presse et les radios en viennent à soupçonner une manœuvre des services anglais, le MI5 britannique qui nous veut tant de mal, ou le KGB, ou une vengeance des sociétés qui massacrent les baleines et les bébés phoques. Admirons la subtilité de la diversion : si l'étranger n'a aucun doute sur la culpabilité de notre pays, l'opinion française, elle, s'interroge. Cette tactique est payante : l'affaire se hisse à la une des journaux. Mais ceux-ci n'ont aucune preuve. Il convient de passer à un stade ultérieur.

Avec l'assurance dont il est coutumier, M. Mitterrand réclame « sans délai une enquête rigoureuse ». L'opinion s'attend à des révélations extraordinaires.

c/ *le piège du conseiller Tricot*

M. Fabius comprend qu'à ce train la vérité va éclater beaucoup trop tôt. S'il confie l'enquête à ses amis politiques, M. Hernu pourrait y voir un ordre et avouer la responsabilité de son ministère et de la DGSE. Le péril est extrême : que M. Hernu se sente coupable et démissionne, voilà l'affaire terminée. Chacun pensera que ce gouvernement est bien honnête, qui tranche dans le vif à la première irrégularité. C'est alors que M. Fabius conçoit une époustouflante manœuvre : il demande un rapport à M. Tricot, ancien secrétaire général de l'Élysée sous de Gaulle, haut fonctionnaire d'un grand prestige et proche de l'opposition.

M. Fabius sait bien que le conseiller Tricot ne peut dénoncer la responsabilité du gouvernement et faire la lumière : ce serait assurer la défaite des socialistes aux prochaines élections législatives et pousser encore un peu plus la droite vers le pouvoir, — ce dont le Conseiller, comme ses amis du RPR, ne veut à aucun prix. M. Tricot sera donc contraint de préparer un rapport banal et faux, qui décevra les Français et l'opinion internationale, relancera les spéculations et nourrira les investigations des journalistes. En prime, lorsque surgira l'inévitable vérité, ce rapport prouvera que le ministre de la Défense et les dirigeants de la DGSE ont menti à l'enquêteur désigné par le Premier ministre. Quel raffinement, quelle perspicacité dans la stratégie !

Dernier avantage : pendant le temps que dure l'investigation du conseiller Tricot, les ministres sont contraints de rester cois.

Les ministres, mais pas la presse. A partir du 8 août, M. Tricot besogne en silence et, comme l'avait prévu M. Fabius, les journaux sortent la vérité par bribes.

C'est là qu'on voit l'excellence du scénario. Il faut savoir tenir son public en haleine : chaque jour, un quotidien, une radio, un hebdomadaire apporte une révélation. On apprend vite que les

« Turenge » étaient liés à la DGSE. Puis le vrai nom de Sophie Turenge : le capitaine Dominique Prieur. Puis qu'une fausse géologue avait infiltré Greenpeace sous le nom de « Frédérique Bonlieu » : il s'agit d'un agent français, Christine Cabon. Une avalanche d'informations. Les spectateurs fascinés regardent M. Hernu, qualifié de « fusible » pour l'occasion : sautera, sautera pas, on prend des paris, soir et matin on se précipite au kiosque pour lire l'épisode de la journée ou de la demi-journée. Et l'on s'amuse à ce jeu épatant qui s'appelle : « En attendant M. Tricot. »

M. Hernu, très digne, tient le rôle que l'on attend de lui. Le 20 août on lui demande :

« Allez-vous démissionner ? »

M. Hernu feint de trouver la question comique et rigole dans sa barbe :

« Non, je n'ai jamais songé à démissionner. Je n'ai même pas écrit un brouillon de lettre... »

Le 25 août, le conseiller Tricot rend son rapport :

« Tout ce que j'ai entendu et vu me donne la certitude qu'au niveau gouvernemental il n'a été pris aucune décision tendant à ce que le *Rainbow Warrior* soit endommagé. Cette année, comme les années précédentes, la politique gouvernementale a été exactement le contraire. »

Et le Conseiller dégage entièrement la responsabilité des services secrets français.

Stupéfaction générale.

d/ *de peur d'être crus, MM. Tricot et Fabius suggèrent qu'on leur a menti*

La réputation de M. Tricot est telle, et son exposé si solennel, que les commentateurs marquent un temps d'hésitation : si, contre l'apparence, le Conseiller avait raison ? Dépassé par la qualité de sa prestation, M. Tricot se rend aussitôt compte qu'il en a trop fait. Il se précipite dès le lendemain à la radio et à la télévision pour instiller le doute sur les conclusions de son rapport. Il proclame : « Je n'exclus pas que j'aie été berné... » Et il allume ce que la presse définira comme une « bombe à retardement » : si l'on démontrait, dit-il, qu'il y a eu des contacts entre les gens de l'*Ouvéa* et le faux couple Turenge, « ce serait très grave. Cela prouverait que sur un point important, on m'a menti ».

Précaution fort utile : l'existence de ces contacts, on s'en doute, la presse ne va pas tarder à la révéler.

M. Fabius , lui aussi, craint que le rapport Tricot, trop parfait dans sa subtilité, puisse étouffer l'affaire. Deux jours après la publication, il prend la parole à la télévision et se garde de chanter victoire. Au contraire il insiste comme à plaisir : « Des interrogations demeurent. »

Pouvait-on plus clairement indiquer à la presse que c'était désormais à elle de dévoiler le mensonge ?

Surtout, M. Fabius rend d'avance un jugement sans appel pour les responsables de l'affaire, afin de se fermer toute retraite quand viendra l'heure de vérité :

« La condamnation que nous portons contre cet attentat n'est pas, comme on l'a parfois entendu, la condamnation contre la mauvaise exécution d'un projet discutable : elle est une condamnation absolue contre une action criminelle. Les coupables, quels qu'ils soient, devront répondre de ce crime. »

Ah, la belle phrase ! Car tout le monde sait d'avance qu'il n'en sera rien.

e/ *il faut ménager ses effets*

Après tant de rebondissements, le public avait besoin de souffler. Il souffle. Dans les vingt jours qui suivent cette dernière intervention de M. Fabius, l'affaire s'écarte doucement de la une des journaux.

Un vif sentiment de frustration s'installe. Bien, cela, très bien. La conclusion d'une si brillante histoire ne peut être aussi décevante. Les éditorialistes continuent à s'interroger : si les services français n'ont pas fait le coup, alors qui ? Les vieilles questions se posent à nouveau : les Anglais ? Les Russes ? Greenpeace lui-même qui aurait essayé d'attirer l'attention sur sa campagne ?

On guette de nouvelles révélations et le gouvernement, qui joue l'indifférence, expédie les affaires courantes. Admirons son sang-froid.

Pause indispensable, certes. Mais M. Mitterrand, qui n'aime pas les temps morts, décide de se distinguer et, parallèlement à l'affaire, d'ébranler un peu plus l'image de la France à l'étranger. Avant d'aller en personne saluer la bombe elle-même à Mururoa, il se rend avec ostentation à Kourou, en Guyane, pour assister à un lancement de la fusée Ariane. M. Hernu, ministre de la Défense, l'accompagne.

L'organisation déplorable du voyage est sans faille : après deux tentatives infructueuses de décollage, le Concorde présidentiel tombe en panne — aussi sûrement que les voitures de M. Gorbatchev — et M. Mitterrand en est réduit à utiliser un appareil de secours.

A Kourou, la fusée Ariane dévie de sa trajectoire sous les yeux du président de la République avant d'être lamentablement détruite en vol. Ariane a déjà connu des ratés, mais il était important que cela se produise à la face du monde entier et devant l'objectif des caméras de télévision, venues accompagner M. Mitterrand en voyage officiel. Objectif atteint.

f/ *savoir perdre la face*

La presse est moins habile. Malgré les nombreux indices semés à dessein par le pouvoir, elle n'est toujours pas parvenue à trouver le fin mot de l'affaire Greenpeace. A l'Élysée et à Matignon, on s'impatiente. De hauts fonctionnaires proches du ministère de l'Intérieur donnent un ultime coup de pouce et se répandent en confidences.

Ouf, enfin, ça y est, le mardi 17 septembre l'événement tant attendu se produit : *Le Monde* bien *briefé* se lance et étale en première page un titre fulgurant : « *Le Rainbow Warrior* aurait été coulé par une troisième équipe de militaires français. »

Excellent. Mais pourquoi « *aurait été* coulé » ? Maudit conditionnel, prudence détestable, encore une gaffe. Pourtant, dans les pages intérieures, l'article est catégorique et met clairement en cause les plus hautes autorités de l'armée et de l'État.

Il faut donner un peu plus de relief à la chose. M. Mitterrand s'écrie : « Je veux savoir ! » M. Hernu, fidèle ami du président de la République, comprend ce qu'on attend de lui et dément une dernière fois : « Aucun service, dit-il, aucune organisation dépendant de mon ministère n'a reçu l'ordre de commettre un attentat contre le *Rainbow Warrior.* »

M. Mitterrand, quant à lui, fait mine d'avoir été averti par la presse, et parfait son image d'homme d'État mal informé par ses collaborateurs.

Comme dans tout bon feuilleton, il est temps de dénouer l'intrigue. M. Fabius fait démissionner M. Hernu, présenté comme le principal responsable, et le 22 septembre, bousculant l'organisation des journaux télévisés, passe aux aveux sur le ton le plus sinistre :

« Ce sont des agents de la DGSE qui ont coulé ce bateau ; ils ont agi sur ordre ; cette vérité a été cachée au conseiller d'État Tricot. »

Peu après, dans cette émission télévisée au titre édifiant de « Parlons France », M. Fabius accuse M. Hernu de lui avoir menti, et d'avoir pareillement caché la vérité au président de la République.

On lui demande .

« Et vous, personnellement, Laurent Fabius, depuis quand êtes-vous au courant de l'implication des services secrets ? »

Réponse : « Exactement samedi dernier. »

Il est toujours bon pour un Premier ministre de reconnaître qu'il ne lit pas les journaux.

On ne pouvait en rester là. Un scandale qui livrerait la solution et se dissoudrait dans la lumière n'est pas un bon scandale. Il faut savoir préserver cette part de mystère qui nourrira le doute pendant des années et laissera une interrogation malsaine. Le nouveau chef des services secrets, le général Imbot, s'y emploie. Il se présente en grand uniforme à la télévision pour dénoncer un complot dont il ne désigne ni les tenants ni les aboutissants. Cette martiale apparition plonge l'ensemble des commentateurs dans la plus vive perplexité.

Enfin, pour installer un doute final sur les responsabilités véritables, M. Hernu se rend au Congrès socialiste de Toulouse à la mi-octobre et s'y fait longuement, très longuement applaudir par tous les délégués. On ne pouvait trouver mieux : si le Congrès au comble de l'émotion salue ainsi l'homme que l'on a accusé d'avoir menti au Premier ministre et au président de la République, c'est qu'il y a derrière tout cela une nouvelle tromperie.

MM. Fabius et Mitterrand ne l'ignorent pas : les bons scandales ne se terminent jamais.

EXERCICE

I.

L'amiral Lacoste reçoit un mystérieux message. Déchiffrez-le en barrant les X et les S superflus.

XXSLESSX SXPETITSXS SGARSXS XSDEXX XSGREENPEACEXSSX XMEXX SCOURENTS XSURSX SXLESXX SHARICOTSXXS XSSTOPX XSARRETEZSX XSXTOUTSX XÇASXX SETXX SQUESX ÇASXXS SXSSAUTESX SXXSIGNEXSX XSHERNUSX

L'amiral Lacoste répond ainsi à son interlocuteur :

SXBIENS XCOMPRISXSSSX XSTOPXS SÇASX XVAS SXSSAUTERS XSTOPSXX SJ'ANTICIPESX XPARX SLEX XFONDXXS SLEX SRAINBOWSXX XSTOPXSS XXTAUPESXX SAX SAUCKX XAS XTOUTS SPREPAREX XET SXTROISIÈMEXSX SXÉQUIPESSXSS XXEN XROUTES XSTOPXXS XSI XNES SXDITES SMOTSX SXCONSIDÉRONS XQUES XNOUSX XSOMMESXS XSCOUVERTSSXX.

M. Hernu n'a pas compris certains mots. Écrivez-les en entier ou expliquez-les.

Sauter	Taupe ....
Anticiper	Auck ....
Par le fond	3e équipe ....
Rainbow	Couverts ....

Corrigé :

Boum !

DES PERVERS

Dans cette course effrénée à la défaite, il arrive que l'on rencontre de mauvais joueurs. Des hommes politiques — ou supposés tels — qui ne respectent pas la règle du jeu. Loin de vouloir perdre les élections comme leurs collègues, ils s'efforcent de les gagner. Et s'ils les perdent, ils tentent de se propulser au pouvoir par la force, démonstration de rue ou pronunciamiento. Quand ils tiennent le pouvoir, ils ne tendent pas de toutes leurs forces à s'en éloigner : au contraire, ils s'y accrochent, et par les pires méthodes.

Au sens médical du terme, ces hommes sont des *pervers,* puisqu'ils recherchent avec acharnement ce qui répugne à tout responsable politique normalement constitué.

Si l'on n'y prend garde, ces maniaques parviennent aisément à leurs fins : il est trop facile de s'imposer quand tous vos concurrents se réfugient dans l'opposition. Hélas, les pervers sont nombreux dans les périodes de crise qui brouillent la morale politique la plus élémentaire. Ils ont pour nom bolcheviks dans la Russie d'octobre 1917, fascistes dans l'Italie des années 20, nazis dans l'Allemagne de 1933. On les retrouve autour du généralissime Franco, des staliniens d'Europe centrale en 1947-1948, des colonels grecs vingt ans plus tard, trop souvent en Amérique latine, du général Pinochet aux juntes sordides du Brésil et de l'Argentine.

Dans la France d'aujourd'hui, ils applaudissent M. Jean-Marie Le Pen.

Attention aux mauvais joueurs : pour s'adonner tranquillement aux plaisirs de la défaite, les démocrates de notre pays doivent peut-être commencer par gagner.

Cet ouvrage a été réalisé sur
Système Cameron
par la SOCIÉTÉ NOUVELLE FIRMIN-DIDOT
Mesnil-sur-l'Estrée
pour le compte des Éditions Balland
le 21 avril 1986

Imprimé en France
Dépôt légal : décembre 1985
N° d'impression : 4453
ISBN 2.7158.0568-3
F2 6812